학령기 아동을 위한

VI
수준

읽기유창성 및
읽기이해 프로그램 _ 6권

김애화 · 김의정 공저

학지사

읽기는 모든 교과 학습을 위한 도구적인 역할을 하므로 교과 학습이 시작되는 초등학교부터 학습자는 적절한 읽기 능력을 갖추고 있어야 한다. 이러한 읽기 능력을 갖추기 위해서는 단어를 정확하게 읽을 수 있는 기초적인 능력뿐만 아니라 글을 유창하게 읽고, 읽은 글의 내용을 잘 이해하는 것이 필요하다. 특히 초등학교에서 읽기의 어려움을 보이는 경우, 이를 그대로 두면 성인이 되어서도 읽기 문제가 지속해서 나타날 수 있으므로 초등학교부터 집중적인 읽기 지도를 하는 것이 바람직하다.

이에 초등학교 학생의 읽기유창성 및 읽기이해 능력을 향상시키기 위한 프로그램을 개발하였다. 이 프로그램의 특징은 다음과 같다. 첫째, 각 학년에 적합하도록 지문을 활용하여 프로그램을 구성하였다. 둘째, 읽기유창성 및 읽기이해 능력을 향상시키는 데 효과성이 입증된 다양한 연구기반 교수법을 적용하여 프로그램을 구성하였다. 셋째, 읽기유창성 교수와 읽기이해 교수를 연계하여 지도할 수 있도록 프로그램을 구성하였다. 넷째, 사전평가-지도-사후평가를 통해 학습자의 읽기유창성 및 읽기이해 향상도를 점검할 수 있도록 구성하였다.

따라서 이 프로그램은 학교 내 기초학력 부진 학생 지도 및 방과 후 수업이나 학습종합클리닉센터, 개별 센터 등 다양한 장면에서 읽기유창성 및 읽기이해 능력 향상이 요구되는 초등학교 학생을 지도하는 데 활용될 수 있다. 또한 읽기에 어려움을 겪는 학생, 느린 학습자, 다문화 가정 학생 등의 경우에는 초등학생뿐 아니라 중등 이상의 학생 지도 시에도 이 프로그램을 사용할 수 있을 것이다. 이 외에도 필요에 따라 가정에서 자녀의 읽기유창성 및 읽기이해 지도를 위해 활용될 수 있다. '학령기 아동을 위한 읽기유창성 및 읽기이해 프로그램'이 다양한 학습자의 읽기 능력을 향상시킬 수 있는 자료로 활용되기를 기대한다.

이 프로그램이 개발되기까지 여러 사람의 도움이 있었다. 우선, 프로그램 개발 과정에서 도움을 준 김지은 선생님, 박민정 선생님, 박선희 선생님, 정경아 선생님, 정현승 선생님에게 감사의 마음을 전한다. 또한 출판 과정에서 도움을 준 학지사 김진환 사장님과 박나리 선생님에게 감사를 드린다.

📖 이 책은 단어, 문장, 글 수준에서의 읽기유창성 및 읽기이해를 향상시키는 것을 목표로 개발되었다.

📖 이 책의 구성은 1) I 수준 읽기유창성 및 읽기이해 프로그램, 2) II 수준 읽기유창성 및 읽기이해 프로그램, 3) III 수준 읽기유창성 및 읽기이해 프로그램, 4) IV 수준 읽기유창성 및 읽기이해 프로그램, 5) V 수준 읽기유창성 및 읽기이해 프로그램, 6) VI 수준 읽기유창성 및 읽기이해 프로그램으로 구성되어 있다. 각 수준별 6회기, 총 36회기로 구성되어 있다.

- I 수준 읽기유창성 및 읽기이해 프로그램은 초등학교 1학년 수준의 읽기 지문을 활용한 프로그램이다. 따라서 일반학생의 경우 1학년에게 적용 가능하며, 읽기에 어려움을 겪는 학생의 경우에는 1학년 이상의 학생에게도 적용 가능하다.

- II 수준 읽기유창성 및 읽기이해 프로그램은 초등학교 2학년 수준의 읽기 지문을 활용한 프로그램이다. 따라서 일반학생의 경우 2학년에게 적용 가능하며, 읽기에 어려움을 겪는 학생의 경우에는 2학년 이상의 학생에게도 적용 가능하다.

- III 수준 읽기유창성 및 읽기이해 프로그램은 초등학교 3학년 수준의 읽기 지문을 활용한 프로그램이다. 따라서 일반학생의 경우 3학년에게 적용 가능하며, 읽기에 어려움을 겪는 학생의 경우에는 3학년 이상의 학생에게도 적용 가능하다.

- IV 수준 읽기유창성 및 읽기이해 프로그램은 초등학교 4학년 수준의 읽기 지문을 활용한 프로그램이다. 따라서 일반학생의 경우 4학년에게 적용 가능하며, 읽기에 어려움을 겪는 학생의 경우에는 4학년 이상의 학생에게도 적용 가능하다.

- V 수준 읽기유창성 및 읽기이해 프로그램은 초등학교 5학년 수준의 읽기 지문을 활용한 프로그램이다. 따라서 일반학생의 경우 5학년에게 적용 가능하며, 읽기에 어려움을 겪는 학생의 경우에는 5학년 이상의 학생에게도 적용 가능하다.

● Ⅵ 수준 읽기유창성 및 읽기이해 프로그램은 초등학교 6학년 수준의 읽기 지문을 활용한 프로그램이다. 따라서 일반학생의 경우 6학년에게 적용 가능하며, 읽기에 어려움을 겪는 학생의 경우에는 중학교 학생에게도 적용 가능하다.

각 회기는 1) 사전평가, 2) 지도, 3) 사후평가로 구성되어 있다.

다음은 수업 전에 교수자가 알아야 하는 사항을 제시하였다. 교수자는 각 회기에서 다뤄지는 중요한 내용이나 전략에 대한 이론적인 근거를 알게 됨으로써 효과적인 수업을 진행할 수 있을 것이다.

◘ **읽기유창성이란**

읽기유창성은 글을 빠르고 정확하게, 적절한 표현력을 가지고 읽는 능력을 의미한다.

◘ **읽기유창성은 왜 중요한가**

읽기유창성은 글을 읽고 이해하는 능력과 높은 관련성을 지니기 때문이다.

◘ **읽기유창성을 향상시킬 수 있는 방법에는 어떤 것들이 있는가**

- 학생에게 동일한 글을 최소 세 번 소리 내어 반복하여 읽도록 한다.
- 소리 내어 반복 읽기를 실시할 때, 먼저 글을 유창하게 읽는 사람(교수자나 또래)이 유창하게 글을 읽는 것을 시범 보인 다음, 학생에게 같은 글을 소리 내어 읽도록 한다.
- 학생이 글을 읽을 때 오류를 보이면 오류를 교정한다.

◘ **끊어서 반복 읽기란**

1) '끊어서 반복 읽기'는 '끊어 읽기'와 '소리 내어 반복 읽기'를 결합한 교수이다.
2) 끊어 읽기: 글을 구성하는 문장들을 의미가 통하는 구나 절 단위로 끊어서 제시한다.
3) 반복 읽기: 의미가 통하는 구나 절 단위로 끊어서 제시한 지문을 소리 내어 반복적으로 읽는다. 이 때, 교수자가 유창하게 글을 읽는 것을 시범 보인 후, 학생들이 세 번 이상 소리 내어 반복적으로 읽도록 하는 것이 좋다.

☑ 끊기의 기준은

• 이 프로그램에서 제시한 끊어 읽기 단위의 가장 중요한 기준은 글을 이해하는 데 도움이 되는 의미 단위로 끊는 것이었다. 기본적으로 주부와 술부를 구분하되, 겹문장의 경우에는 문장의 구조를 이해하는 데 도움이 되도록 끊음으로써 글 이해에 도움이 되도록 하였다.

• 이 프로그램에서 제시한 끊어 읽기 단위는 학생에게 도움이 되도록 제시한 하나의 예일 뿐이며, 이것이 문법적으로 정확한 단위 기준을 의미하는 것은 아니다. 또한 학생의 수준에 따라 교사는 이 프로그램에 제시한 의미 단위보다 더 많은 혹은 더 적은 어절이 포함되도록 끊을 수 있다.

☑ 이 책의 읽기유창성 프로그램은

1) 활동 1: 단어 반복 읽기

읽기 지문에서 핵심 단어이거나 어려운 단어를 선정하여, 학생이 빠르고 정확하게 단어를 읽을 수 있도록 반복 연습을 한다.

2) 활동 2: 어휘 뜻 파악하기

읽기 지문에서 핵심 단어이거나 어려운 단어를 선정하여, 학생이 단어의 뜻을 질적으로 깊이 있게 이해할 수 있도록 다양한 전략 활동을 한다.

3) 활동 3: 어구/절 반복 읽기

읽기 지문에서 어렵거나 자주 접하게 되는 어구/절을 선정하여, 학생이 빠르고 정확하게 단어를 읽을 수 있도록 반복 연습을 한다.

4) 활동 4: 글 반복 읽기

전체 읽기 지문의 단어를 학생이 빠르고 정확하게 읽을 수 있도록 세 번 이상 반복 연습을 한다.

☑ 읽기유창성 평가는 어떻게 실시하는가

1) 읽기유창성 점수는 학생이 1분 동안 올바르게 읽은 어절 수로 산출한다. 즉, '학생이 1분 동안 읽은 총 어절 수'에서 '틀리게 읽은 어절 수'를 빼서 산출한다.

읽기유창성 점수 = 1분 동안 읽은 총 어절 수 − 틀리게 읽은 어절 수

2) 평가 시 다음 사항을 유의한다.

• 학생이 글의 첫 글자를 읽음과 동시에 타이머를 누른다.

• 교사가 '시작'이라고 말한 후 3초 동안 글을 읽지 않으면, 두 번째 어절을 손으로 가리키며 '다음'이라고 빠르게 말하고, 못 읽은 어절은 오답 처리한다.

- 학생이 3초 동안 글을 읽지 않을 경우, 다음 어절을 손으로 가리키며 '다음'이라고 빠르게 말하고, 못 읽은 어절은 오답 처리한다.
- 학생이 3초 안에 스스로 교정하면 그 위에 SC(Self-Correct)라고 쓰고 정답으로 처리한다.
- 학생이 한 줄 전체를 건너뛰고 읽었을 경우에는 그 줄에 표시하고 검사를 그대로 진행시키되, 생략한 부분을 오답 처리한다(1분 동안 측정하는 검사이기 때문에 검사 중간에 빠트린 부분을 다시 읽도록 지시할 경우 시간이 소요되므로 학생을 방해하지 않고 그대로 검사를 진행시킨다).
- 학생이 틀리게 읽은 어절 위에 / 표시를 한다.
- 1분이 종료되면 학생이 읽은 마지막 어절에 ⌐ 표시를 한다.

읽기이해란

읽기이해는 글의 내용을 자신의 선행 지식과 연결 지으면서 의미를 형성해 가는 과정이다. 성공적인 읽기이해를 위해서는 주요 내용을 중심으로 글의 의미를 파악할 뿐 아니라, 내용을 자신의 선행 지식과 연결 지어 글의 주제를 파악하는 것이 중요하다.

읽기이해는 왜 중요한가

읽기이해는 읽기 교수의 궁극적인 목표로, 읽기 교수의 핵심이다.

읽기이해를 향상시킬 수 있는 방법에는 어떤 것들이 있는가

- 이야기글을 이해하는 데 도움을 주는 대표적인 전략은 이야기 지도(story map)의 요소에 해당하는 내용을 파악하는 것이다.
- 이야기 지도의 요소에는 인물, 시간, 장소, 사건들, 끝이 포함되며, 이야기글에서 주요 내용을 간추리기 위해서는 이러한 이야기 지도의 요소에 해당하는 내용을 파악하면 도움이 된다.
- 이야기 지도의 요소별 내용을 정리할 때, 그래픽 조직자를 활용하면 도움이 된다.

이야기 지도의 요소

1) 인물(이야기에 등장하는 인물)
2) 시장(이야기가 일어나는 시간과 장소)
3) 사건들(인물에게 일어난 사건들)
4) 끝(이야기의 끝)

◪ 글의 주제

글의 주제는 글쓴이가 말하고자 하는 생각이나 의견을 의미하며, 이야기글에서 글의 주제를 파악하는 것은 중요하다.

◪ 이 책의 읽기이해 프로그램은

1) 활동 1: 이야기 지도 알기

　이야기 지도의 목적과 이야기 지도의 요소를 파악하는 활동을 한다.

2) 활동 2: 이야기 지도 전략을 사용하여 글의 내용 파악하기

　그래픽 조직자에서 제시된 순서에 따라, 이야기 지도의 요소별 내용을 파악하여 기록하는 활동을 한다.

3) 활동 3: 글의 주제 파악하기

　글에 제시되어 있지 않은 '글의 주제'를 파악하기 위해 글의 내용을 바탕으로 '~를 해야 한다.' 또는 '~를 하지 말아야 한다.'의 문장을 완성하는 활동을 한다.

◪ 읽기이해 평가는 어떻게 실시하는가

1) 글을 읽은 후, 읽기이해 질문을 통해 글의 내용에 대한 이해 정도를 파악한다.

읽기이해 점수 = 맞은 문항의 개수

2) 평가 시 다음 사항을 유의한다.

- 전체 지문을 소리 내지 않고 눈으로 읽도록 한다.
- 〈3~7번까지〉 문항의 답에 학생이 한두 단어로 간단하게 답할 경우, "좀 더 자세히 말해 볼래요?" 또는 "좀 더 자세히 써 보세요."라고 반드시 추가 질문을 한다. 추가 질문을 하였는데도, 같은 답을 반복하거나 정답에 제시된 내용을 말하지 못하면 오답으로 간주한다.
- 7번 추론 문항의 경우에는 지문에 근거하여 답을 하였을 경우에는 정답으로 간주한다. 지문의 내용과 무관하게 학생 자신의 사전지식이나 경험에 근거하여 답할 경우, 오답으로 간주한다.
- 채점 시, 답안에 있는 내용을 그대로 말하지 않더라도 질문의 요지를 파악하고 답을 하였을 경우 정답으로 간주한다.

차례

VI 수준 읽기유창성 및 읽기이해 프로그램

1. 가짜 사주팔자

학◇습◇목◇표

🏫 글을 읽을 때, 적당한 부분에서 글을 빠르고 정확하게 끊어 읽을 수 있다.

🏫 글을 읽고, 글의 중심내용과 글의 주제를 파악할 수 있다.

사◇전◇평◇가

> **지시문**
>
> 앞에 있는 종이에 글이 있어요. 이제 선생님이 "시작"이라고 하면(학생용 평가지의 첫 어절을 손가락으로 가리킨 후, 계속 훑으면서) 처음부터 읽기 시작해서 "그만"이라고 할 때까지 최대한 정확하게, 그리고 최대한 빨리 읽으세요. 글을 읽다가 모르는 글자가 나오면 선생님이 어떻게 해야 할지 알려 줄게요. 최선을 다하세요. 질문 있어요? (질문이 있으면 질문에 대답한다.) 준비, 시작. (학생이 첫 어절을 말함과 동시에 타이머를 누르고 1분간 학생의 반응을 기록한 뒤 1분이 지나면 "그만"이라고 말한다.)

옛날 어느 마을에 한 아버지가 부인 없이 아들 하나를 키우며 살았습니다. 사랑하는 부인은 아들을 낳자마자 큰 병이 나서 그만 죽고 말았지요. 그러니 이 사람에게는 아들이 세상에서 가장 소중한 보물과도 같았답니다. 그야말로 눈에 넣어도 아프지 않을 정도로 아끼고 챙기고 사랑하며 키웠지요.

아들이 열 살이 되었을 때, 아버지는 점쟁이에게 가서 사주팔자를 보았답니다. 소중한 아들이 앞으로 잘 살게 될지 못 살게 될지 궁금했지요. 점쟁이가 사주팔자를 딱하고 뽑았는데, 아니 글쎄 평생 빌어먹는 팔자라고 나왔답니다. 한번 타고난 사주팔자는 사람의 힘으로는 바꿀 수 없다고 전해져 내려왔지요. 그러니 아버지는 아들 걱정에 기가 막히고 코가 막히고 가슴이 막혀 왔답니다. 아버지는 집에 돌아와서도 밥도 안 먹고 드러누워 끙끙 앓기 시작했지요. 건강하시던 아버지가 드러누워 앓기 시작하니 아들이 걱정이 되어 당장 물었지요.

"아들아, 오늘 점쟁이에게 네 사주팔자를 보았는데, 평생 빌어먹을 신세라는구나."

아버지의 설명을 듣고 아들이 골똘히 생각에 잠겼다가 다시 말문을 열었습니다.

"그렇다면 아버지, 제가 이 길로 집을 나가 팔자땜을 하고 돌아오겠습니다.

옛날부터 액땜이라고 미리 나쁜 일을 경험하면 나중에 닥칠 화를 피한다고 했지요. 아들도 평생 빌어먹을 신세를 피하기 위해 미리 고생길을 나서겠다고 우겼답니다. 아들이 바득바득 조르니 아버지도 어쩔 수 없이 아들의 고집을 들어주었지요.

아들은 집을 나서자마자 곧바로 점쟁이에게 달려가 엎드려 간곡하게 부탁을 드렸습니다.

"팔자땜을 하려고 집을 나섰는데, 저에게 가짜 사주팔자를 하나 써 주십시오. 꼭 벼슬도 하고 돈도 많이 벌어 잘 살 팔자라고 써 주십시오."

점쟁이가 가짜 사주팔자를 써 주니 아들은 그걸 옷소매에 넣고 꿰맸지요. 그리고 길을 떠나 여기저기 떠돌아다니다가 어느 마을 글방에 가게 되었답니다. 글방에서 마당도 쓸고 부엌일도 하면서 어깨 너머로 글을 배우기 시작했지요. 글방 훈장은 이 아이가 하도 부지런히 일을 하니 내쫓지 않았답니다.

어느 날 훈장이 가만히 보니 이 아이가 밤마다 옷소매를 쓰다듬었지요. 아주 귀한 게 있는 것 같아 물어도 그냥 웃기만 했어요. 훈장은 궁금해서 미칠 것 같아 아이가 잠자는 사이에 옷소매를 뜯어 봤답니다. 그러니 종이 한 장이 나오는데, 가만히 보니 사주팔자가 적힌 종이였지요. 그런데 벼슬도 하고 돈도 많이 번다고 적혀 있으니 깜짝 놀랐어요.

'아니, 이 아이가 이렇게 좋은 팔자를 타고 났다니 다시 봐야겠구나.'

훈장은 이렇게 생각하고 이제부터는 이전과 다르게 아이에게 아주 잘 대접했답니다. 이전과 같이 종처럼 부리지도 않고 글공부도 정말 열심히 가르치기 시작했지요. 몇 해가 지나자 훈장은 더 이상 아이에게 가르칠 게 없었어요. 과거 보는 때가 다가오자 훈장은 과거 보러 아이를 서울로 보냈답니다.

훈장이 워낙 열심히 가르쳤고 아이도 열심히 공부해서 과거에 급제를 했지요. 거기다 벼슬까지 얻어서 돌아오니 글방에서는 커다란 경사가 나서 잔치를 벌였답니다.

"네 옷소매에 있는 사주팔자를 몰래 보고 이렇게 될 줄 알았단다."

훈장은 기분이 좋아 사주팔자를 몰래 뜯어 본 것을 아이에게 실토했어요. 아이도 웃으며 가짜 사주팔자를 품고 집을 떠난 이야기를 모두 들려주었지요. 알고 보니 결국 훈장은 가짜 사주팔자에 속아 넘어간 꼴이 되었답니다. 사주팔자가 거짓이었다 해도 과거에 급제하고 벼슬도 얻었으니 훈장은 칭찬을 했답니다.

말을 타고 풍악을 울리며 집으로 돌아가니, 마을에서도 성대한 잔치가 벌어졌지요. 아들이 건강하게 돌아온 것도 기쁜 일인데 과거에 급제까지 했으니 말입니다. 아들은 점점 큰 벼슬로 올라가서 진짜로 부자가 되어 잘 살았답니다. 그러니 진짜 사주팔자는 사라지고 가짜 사주팔자대로 세상을 살게 된 셈이지요. 결국 사주팔자는 타고나는 게 아니라 사람의 힘으로 만들어 가는 거랍니다.

🎓 읽기유창성 점수: _____

▶ 사전평가와 사후평가의 지문은 학지사 홈페이지(http://www.hakjisa.co.kr)에서 내려받을 수 있습니다.

1 단어를 빠르고 정확하게 읽기

다음 단어를 바르게 읽어 봅시다

사주팔자를	빌어먹는
막혀 왔답니다	앓기
꿰맸지요	액땜이라고
쓰다듬었지요	적힌
대접했답니다	실토했어요
풍악을	성대한

▶ 이 페이지의 내용은 복사하거나 학지사 홈페이지(http://www.hakjisa.co.kr)에서 내려받아 사용하세요!

다음 단어들을 빠르고 정확하게 읽어 봅시다

사주팔자를	빌어먹는	막혀 왔답니다	앓기	액땜이라고
꿰맸지요	쓰다듬었지요	적힌	대접했답니다	실토했어요
풍악을	성대한	풍악을	실토했어요	대접했답니다
적힌	쓰다듬었지요	꿰맸지요	액땜이라고	앓기
막혀 왔답니다	빌어먹는	사주팔자를	성대한	실토했어요
적힌	꿰맸지요	앓기	빌어먹는	풍악을
대접했답니다	쓰다듬었지요	꿰맸지요	막혀 왔답니다	사주팔자를
풍악을	대접했답니다	쓰다듬었지요	꿰맸지요	막혀 왔답니다
사주팔자를	성대한	실토했어요	적힌	액땜이라고
앓기	빌어먹는	꿰맸지요	액땜이라고	앓기
막혀 왔답니다	빌어먹는	실토했어요	대접했답니다	풍악을

▶ 이 페이지의 내용은 복사하거나 학지사 홈페이지(http://www.hakjisa.co.kr)에서 내려받아 사용하세요!

2 어휘의 뜻 알아보기

다음 단어를 알아봅시다

📖 예시문을 읽고, 내가 생각하는 단어의 뜻을 써 봅시다.

_____

📖 올바른 단어의 뜻을 써 봅시다.

_____

정의 ↑

사주팔자

비슷한 말 ←

예시문 아버지는 점쟁이에게 가서 사주팔자를 보았답니다.

- _____
- _____
- _____

문장 만들기 ↓

📖 비슷한 말을 넣어서 문장을 완성해 봅시다.

아버지는 점쟁이에게 가서 _____를 보았답니다.

📖 새로운 문장을 만들어 써 봅시다.

_____

도전문제

사주팔자를 어디까지 믿어야 할까요? 왜 그렇게 생각하나요?

_____

_____

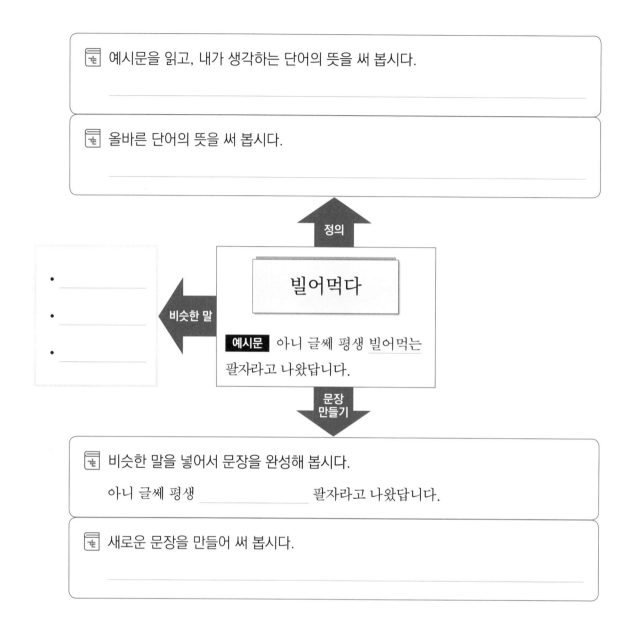

📖 예시문을 읽고, 내가 생각하는 단어의 뜻을 써 봅시다.

_____

📖 올바른 단어의 뜻을 써 봅시다.

_____

정의

빌어먹다

비슷한 말

• _____
• _____
• _____

예시문 아니 글쎄 평생 빌어먹는 팔자라고 나왔답니다.

문장
만들기

📖 비슷한 말을 넣어서 문장을 완성해 봅시다.

아니 글쎄 평생 _____ 팔자라고 나왔답니다.

📖 새로운 문장을 만들어 써 봅시다.

_____

도전문제

누군가가 나에게 "평생 쪽박 차고 빌어먹는 팔자"라고 하면 어떤 기분이 들까요?

_____

_____

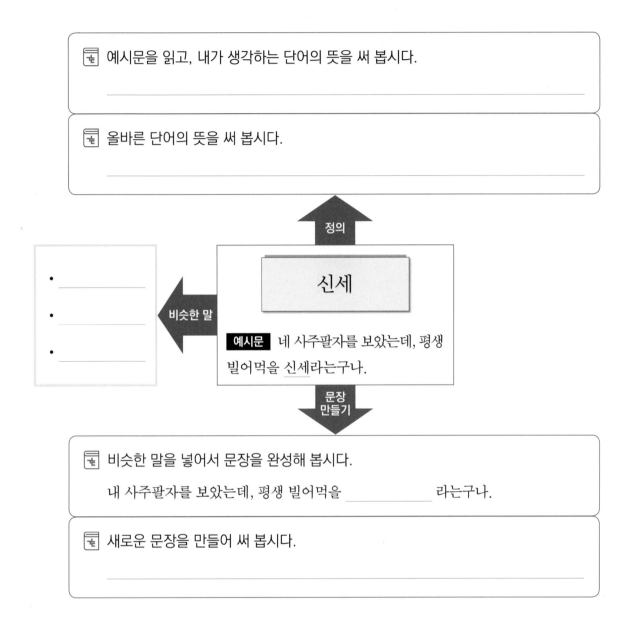

📝 예시문을 읽고, 내가 생각하는 단어의 뜻을 써 봅시다.

_____

📝 올바른 단어의 뜻을 써 봅시다.

_____

정의

신세

비슷한 말

· _____
· _____
· _____

예시문 네 사주팔자를 보았는데, 평생 빌어먹을 신세라는구나.

문장 만들기

📝 비슷한 말을 넣어서 문장을 완성해 봅시다.

내 사주팔자를 보았는데, 평생 빌어먹을 _____ 라는구나.

📝 새로운 문장을 만들어 써 봅시다.

_____

도전문제

나의 신세를 한탄해 본 적이 있나요? 왜 그랬나요?

_____
_____

📋 예시문을 읽고, 내가 생각하는 단어의 뜻을 써 봅시다.

_____

📋 올바른 단어의 뜻을 써 봅시다.

_____

↑ 정의

액땜

예시문 옛날부터 액땜이라고 미리 나쁜 일을
경험하면 나중에 닥칠 화를 피한다고 했지요.

↓ 문장
만들기

📋 새로운 문장을 만들어 써 봅시다.

_____

도전문제

부모님이나 어른이 "액땜을 했다고 생각하자"라고 하시는 말씀을 들어 본 적이 있나요? 언제 그랬나요?

_____

_____

📑 예시문을 읽고, 내가 생각하는 단어의 뜻을 써 봅시다.

_____

📑 올바른 단어의 뜻을 써 봅시다.

_____

정의 ⬆

경사

예시문 글방에서는 커다란 경사가 나서 잔치를 벌였답니다.

문장 만들기 ⬇

📑 새로운 문장을 만들어 써 봅시다.

_____

 도전문제

우리 가족에게 가장 큰 경사는 어떤 일인가요?

_____

_____

예시문을 읽고, 내가 생각하는 단어의 뜻을 써 봅시다.

_____

올바른 단어의 뜻을 써 봅시다.

_____

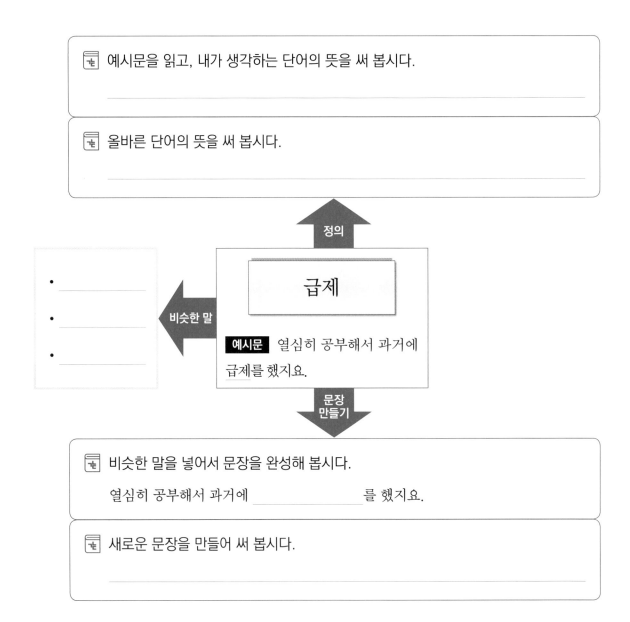

정의

급제

비슷한 말

- _____
- _____
- _____

예시문 열심히 공부해서 과거에 급제를 했지요.

문장 만들기

비슷한 말을 넣어서 문장을 완성해 봅시다.

열심히 공부해서 과거에 _____ 를 했지요.

새로운 문장을 만들어 써 봅시다.

_____

도전문제

과거 시험에 급제하려면 어떻게 해야 했을까요?

_____

_____

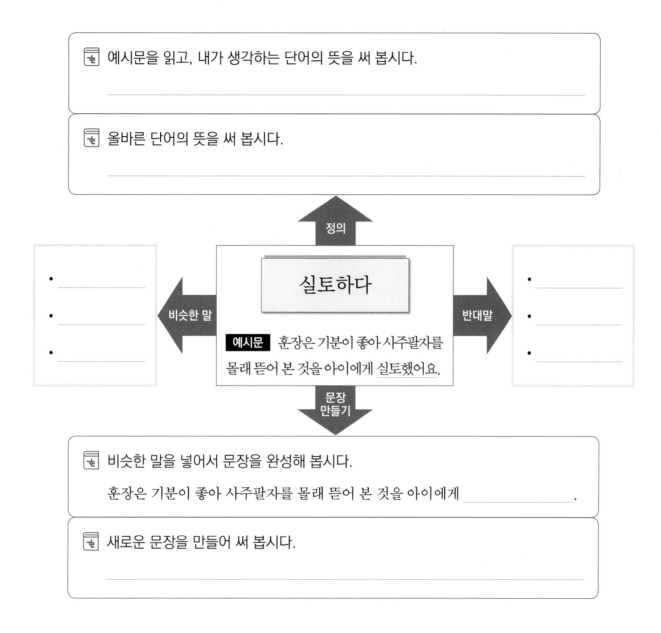

예시문을 읽고, 내가 생각하는 단어의 뜻을 써 봅시다.

_____

올바른 단어의 뜻을 써 봅시다.

_____

정의

실토하다

예시문 훈장은 기분이 좋아 사주팔자를 몰래 뜯어 본 것을 아이에게 실토했어요.

비슷한 말

반대말

문장 만들기

비슷한 말을 넣어서 문장을 완성해 봅시다.

훈장은 기분이 좋아 사주팔자를 몰래 뜯어 본 것을 아이에게 _____.

새로운 문장을 만들어 써 봅시다.

_____

도전문제

자신의 잘못을 실토한 적이 있나요? 실토하고 난 후, 어떤 기분이 들었나요?

_____

_____

📖 예시문을 읽고, 내가 생각하는 단어의 뜻을 써 봅시다.

_____

📖 올바른 단어의 뜻을 써 봅시다.

_____

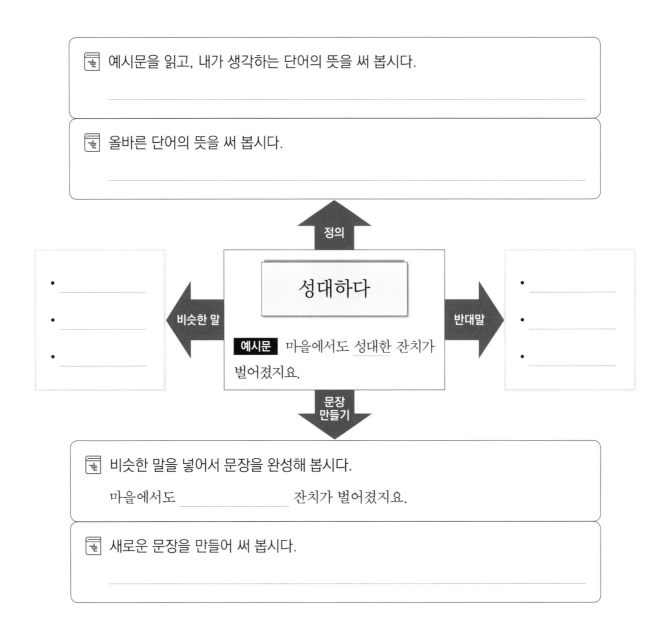

정의

성대하다

비슷한 말

반대말

예시문 마을에서도 성대한 잔치가 벌어졌지요.

문장
만들기

• _____
• _____
• _____

• _____
• _____
• _____

📖 비슷한 말을 넣어서 문장을 완성해 봅시다.

마을에서도 _____ 잔치가 벌어졌지요.

📖 새로운 문장을 만들어 써 봅시다.

_____

도전문제

성대한 잔치나 행사를 본 적이 있나요?

_____
_____

다음 보기의 단어 중, 문장에 알맞은 단어를 써 봅시다.

보기

경사, 실토, 급제, 액땜, 신세

1│ 동지에 동지팥죽을 먹어야, _____ 한다고 여겼었죠.

2│ 이몽룡은 장원 _____ 를 하여 암행어사가 되었다.

3│ 어머니에게 잘못을 _____ 하고 용서를 구했다.

4│ 희망이가 시험에 합격한 일은 우리 집안의 _____ 이다.

5│ 하림이는 늘 _____ 를 한탄하면서 부모님을 원망한다.

다음 어구를 바르게 읽어 봅시다

잘 살게 될지 못 살게 될지	사람의 힘으로는 바꿀 수 없다고	팔자땜을 하고 돌아오셨습니다	잘 살 팔자라고 써 주십시오	아주 귀한 게 있는 것 같아	가짜 사주팔자에 속아 넘어간 꼴이	과거에 급제까지 했으니 말입니다
눈에 넣어도 아프지 않을 정도로	평생 빌어먹는 팔자라고	드러누워 앓기 시작하니	나중에 닥칠 화를 피한다고 했지요	그걸 웃소매에 넣고 꿰맸지요	내 웃소매에 있는 사주팔자를 몰래 보고	사주팔자가 거짓이었다 해도

다음 어구/절들을 빠르고 정확하게 읽어 봅시다

첫째 묶음

- 평생 빌어먹는 팔자라고
- 팔자땜을 하고 돌아오겠습니다
- 그걸 웃소매에 넣고 꿰맸지요
- 가짜 사주팔자에 속아 넘어간 꼴이
- 눈에 넣어도 아프지 않을 정도로
- 그걸 웃소매에 넣고 꿰맸지요
- 가짜 사주팔자에 속아 넘어간 꼴이
- 평생 빌어먹는 팔자라고
- 팔자땜을 하고 돌아오겠습니다
- 사주팔자가 거짓이었다 해도
- 사람의 힘으로는 바꿀 수 없다고
- 그걸 웃소매에 넣고 꿰맸지요
- 과거에 급제까지 했으니 말입니다
- 내 웃소매에 있는 사주팔자를 몰래 보고
- 사주팔자가 거짓이었다 해도
- 아주 귀한 게 있는 것 같아
- 나중에 닥칠 화를 피한다고 했지요
- 사람의 힘으로는 바꿀 수 없다고
- 눈에 넣어도 아프지 않을 정도로

둘째 묶음

- 잘 살게 될지 못 살게 될지
- 드러누워 앓기 시작하니
- 잘 살 팔자라고 써 주십시오
- 내 웃소매에 있는 사주팔자를 몰래 보고
- 과거에 급제까지 했으니 말입니다
- 잘 살 팔자라고 써 주십시오
- 내 웃소매에 있는 사주팔자를 몰래 보고
- 잘 살게 될지 못 살게 될지
- 드러누워 앓기 시작하니
- 과거에 급제까지 했으니 말입니다
- 나중에 닥칠 화를 피한다고 했지요
- 가짜 사주팔자에 속아 넘어간 꼴이
- 평생 빌어먹는 팔자라고
- 잘 살 팔자라고 써 주십시오
- 과거에 급제까지 했으니 말입니다
- 내 웃소매에 있는 사주팔자를 몰래 보고
- 잘 살 팔자라고 써 주십시오
- 드러누워 앓기 시작하니
- 잘 살게 될지 못 살게 될지

셋째 묶음

- 눈에 넣어도 아프지 않을 정도로
- 사람의 힘으로는 바꿀 수 없다고
- 나중에 닥칠 화를 피한다고 했지요
- 아주 귀한 게 있는 것 같아
- 사주팔자가 거짓이었다 해도
- 나중에 닥칠 화를 피한다고 했지요
- 아주 귀한 게 있는 것 같아
- 눈에 넣어도 아프지 않을 정도로
- 사람의 힘으로는 바꿀 수 없다고
- 사주팔자가 거짓이었다 해도
- 아주 귀한 게 있는 것 같아
- 눈에 넣어도 아프지 않을 정도로
- 팔자땜을 하고 돌아오겠습니다
- 드러누워 앓기 시작하니
- 잘 살게 될지 못 살게 될지
- 가짜 사주팔자에 속아 넘어간 꼴이
- 그걸 웃소매에 넣고 꿰맸지요
- 팔자땜을 하고 돌아오겠습니다
- 평생 빌어먹는 팔자라고

▶ 이 페이지의 내용은 복사하거나 학지사 홈페이지(http://www.hakjisa.co.kr)에서 내려받아 사용하세요!

4 글을 빠르고 정확하게 읽기

다음 글을 / 표시된 곳에서 끊어 읽어 봅시다. 읽을 때 빠르고 정확하게 읽도록 합시다

옛날 / 어느 마을에 / 한 아버지가 / 부인 없이 / 아들 하나를 키우며 살았습니다. / 사랑하는 부인은 / 아들을 낳자마자 / 병이 나서 / 그만 죽고 말았지요. / 그러니 / 이 사람에게는 / 아들이 / 세상에서 가장 소중한 보물과도 같았답니다. / 그야말로 / 눈에 넣어도 아프지 않을 정도로 / 아끼고 챙기고 사랑하며 키웠지요. /

아들이 / 열 살이 되었을 때, / 아버지는 / 점쟁이에게 가서 / 사주팔자를 보았답니다. / 소중한 아들이 / 앞으로 / 잘 살게 될지 못 살게 될지 / 궁금했지요. / 점쟁이가 / 사주팔자를 딱하고 뽑았는데, / 아니 글쎄 / 평생 빌어먹는 팔자라고 / 나왔답니다. / 한번 타고난 사주팔자는 / 사람의 힘으로는 바꿀 수 없다고 / 전해져 내려왔지요. / 그러니 / 아버지는 / 아들 걱정에 / 기가 막히고 코가 막히고 / 가슴이 막혀 왔답니다. / 아버지는 / 집에 돌아와서도 / 밥도 안 먹고 / 드러누워 끙끙 앓기 시작했지요. / 건강하시던 아버지가 / 드러누워 앓기 시작하니 / 아들이 / 걱정이 되어 당장 물었지요. /

"아들아, / 오늘 점쟁이에게 / 네 사주팔자를 보았는데, / 평생 빌어먹을 신세라는구나." /

아버지의 설명을 듣고 / 아들이 / 골똘히 생각에 잠겼다가 / 다시 말문을 열었습니다. /

"그렇다면 아버지, / 제가 / 이 길로 집을 나가 / 팔자땜을 하고 돌아오겠습니다. /

옛날부터 / 액땜이라고 / 미리 나쁜 일을 경험하면 / 나중에 닥칠 화를 피한다고 했지요. / 아들도 / 평생 빌어먹을 신세를 피하기 위해 / 미리 고생길을 나서겠다고 우겼답니다. / 아들이 / 바득바득 조르니 / 아버지도 / 어쩔 수 없이 / 아들의 고집을 들어주었지요. /

아들은 / 집을 나서자마자 / 곧바로 / 점쟁이에게 달려가 엎드려 / 간곡하게 부탁을 드렸습니다. /

"팔자땜을 하려고 집을 나섰는데, / 저에게 / 가짜 사주팔자를 하나 써 주십시오. / 꼭 벼슬도 하고 / 돈도 많이 벌어 / 잘 살 팔자라고 써 주십시오." /

점쟁이가 / 가짜 사주팔자를 써 주니 / 아들은 / 그걸 옷소매에 넣고 꿰맸지요. / 그리고 / 길을 떠나 여기저기 떠돌아다니다가 / 어느 마을 / 글방에 가게 되었답니다. / 글방에서 /

마당도 쓸고 / 부엌일도 하면서 / 어깨 너머로 / 글을 배우기 시작했지요. / 글방 훈장은 / 이 아이가 / 하도 부지런히 일을 하니 / 내쫓지 않았답니다. / 어느 날 / 훈장이 / 가만히 보니 / 이 아이가 / 밤마다 / 옷소매를 쓰다듬었지요. / 아주 귀한 게 있는 것 같아 / 물어도 / 그냥 웃기만 했어요. / 훈장은 / 궁금해서 미칠 것 같아 / 아이가 잠자는 사이에 / 옷소매를 뜯어 봤답니다. / 그러니 / 종이 한 장이 / 나오는데, / 가만히 보니 / 사주팔자가 적힌 종이였지요. / 그런데 / 벼슬도 하고 / 돈도 많이 번다고 적혀 있으니 / 깜짝 놀랐어요. /

'아니, / 이 아이가 / 이렇게 좋은 팔자를 타고 났다니 / 다시 봐야겠구나.' 훈장은 / 이렇게 생각하고 / 이제부터는 / 이전과 다르게 / 아이에게 / 아주 잘 대접했답니다. / 전과 같이 / 종처럼 부리지도 않고 / 글공부도 / 정말 열심히 가르치기 시작했지요. / 몇 해가 지나자 / 훈장은 / 더 이상 / 아이에게 / 가르칠 게 없었어요. / 과거 보는 때가 다가오자 / 훈장은 / 과거 보러 / 아이를 서울로 보냈답니다. /

훈장이 / 워낙 열심히 가르쳤고 / 아이도 / 열심히 공부해서 / 과거에 급제를 했지요. / 거기다 / 벼슬까지 얻어서 돌아오니 / 글방에서는 / 커다란 경사가 나서 / 잔치를 벌였답니다. /

"네 옷소매에 있는 사주팔자를 몰래 보고 / 이렇게 될 줄 알았단다." /

훈장은 / 기분이 좋아 / 사주팔자를 몰래 뜯어 본 것을 / 아이에게 실토했어요. 아이도 / 웃으며 / 가짜 사주팔자를 품고 집을 떠난 이야기를 / 모두 / 들려주었지요. / 알고 보니 / 결국 / 훈장은 / 가짜 사주팔자에 속아 넘어간 꼴이 / 되었답니다. /

사주팔자가 거짓이었다 해도 / 과거에 급제하고 벼슬도 얻었으니 / 훈장은 / 칭찬을 했답니다. / 말을 타고 풍악을 울리며 / 집으로 돌아가니, / 마을에서도 성대한 잔치가 / 벌어졌지요. / 아들이 건강하게 돌아온 것도 / 기쁜 일인데 / 과거에 급제까지 했으니 말입니다. / 아들은 / 점점 큰 벼슬로 올라가서 / 진짜로 부자가 되어 잘 살았답니다. /

그러니 진짜 사주팔자는 / 사라지고 / 가짜 사주팔자대로 / 세상을 살게 된 셈이지요. / 결국 사주팔자는 / 타고나는 게 아니라 / 사람의 힘으로 만들어 가는 거랍니다. /

5 이야기 지도 알아보기

'이야기 지도'가 무엇인지 알아봅시다

1 다음 그림은 무엇인가요?

_____

_____

2 지도는 우리에게 어떤 도움을 주나요?

_____

_____

_____

_____

3 이야기 지도 소개하기: 이야기 지도 구성 요소를 알아봅시다.

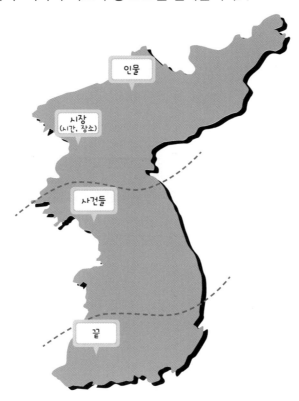

● 지도가 우리가 길을 찾도록 도움을 주는 것처럼, 이야기 지도는 _____
사용하는 지도입니다.

● 이야기 지도에는 _____, _____, _____,
_____ 이 있습니다. 여기서 '인물, 시장, 사건들, 끝'은 기억 전략 입니다. 이
기억 전략은 이야기 지도를 잘 기억하는 데 도움을 줍니다.

인물	이야기에 등장하는 _____
시장	이야기가 일어나는 _____ 간과 _____ 소
사건들	인물들에게 일어난 _____
끝	이야기의 _____

● 이야기 지도의 기억 전략인 _____, _____, _____,
_____ 을 알면, 글의 내용을 잘 이해할 수 있습니다. 이야기를 읽을 때, '인
물, 시장, 사건들, 끝'을 기억하도록 합시다.

6 이야기 지도 사용하여 글 읽고 이해하기: 인물, 시장, 사건, 끝을 기억하며 글의 내용 파악하기

> '이야기 지도(인물, 시장, 사건, 끝)'를 사용하여 글의 내용을 파악해 봅시다

가짜 사주팔자

옛날 어느 마을에 한 아버지가 부인 없이 아들 하나를 키우며 살았습니다. 사랑하는 부인은 아들을 낳자마자 큰 병이 나서 그만 죽고 말았지요. 그러니 이 사람에게는 아들이 세상에서 가장 소중한 보물과도 같았답니다. 그야말로 눈에 넣어도 아프지 않을 정도로 아끼고 챙기고 사랑하며 키웠지요.

아들이 열 살이 되었을 때, 아버지는 점쟁이에게 가서 사주팔자를 보았답니다. 소중한 아들이 앞으로 잘 살게 될지 못 살게 될지 궁금했지요. 점쟁이가 사주팔자를 딱하고 뽑았는데, 아니 글쎄 평생 빌어먹는 팔자라고 나왔답니다. 한번 타고난 사주팔자는 사람의 힘으로는 바꿀 수 없다고 전해져 내려왔지요. 그러니 아버지는 아들 걱정에 기가 막히고 코가 막히고 가슴이 막혀 왔답니다. 아버지는 집에 돌아와서도 밥도 안 먹고 드러누워 끙끙 앓기 시작했지요. 건강하시던 아버지가 드러누워 앓기 시작하니 아들이 걱정이 되어 당장 물었지요.

"아들아, 오늘 점쟁이에게 네 사주팔자를 보았는데, 평생 빌어먹을 신세라는구나."

아버지의 설명을 듣고 아들이 골똘히 생각에 잠겼다가 다시 말문을 열었습니다.

"그렇다면 아버지, 제가 이 길로 집을 나가 팔자땜을 하고 돌아오겠습니다.

옛날부터 액땜이라고 미리 나쁜 일을 경험하면 나중에 닥칠 화를 피한다고 했지요. 아들도 평생 빌어먹을 신세를 피하기 위해 미리 고생길을 나서겠다고 우겼답니다. 아들이 바득바득 조르니 아버지도 어쩔 수 없이 아들의 고집을 들어주었지요.

아들은 집을 나서자마자 곧바로 점쟁이에게 달려가 엎드려 간곡하게 부탁을 드렸습니다.

"팔자땜을 하려고 집을 나섰는데, 저에게 가짜 사주팔자를 하나 써 주십시오. 꼭 벼슬

도 하고 돈도 많이 벌어 잘 살 팔자라고 써 주십시오."

점쟁이가 가짜 사주팔자를 써 주니 아들은 그걸 옷소매에 넣고 꿰맸지요. 그리고 길을 떠나 여기저기 떠돌아다니다가 어느 마을 글방에 가게 되었답니다. 글방에서 마당도 쓸고 부엌일도 하면서 어깨 너머로 글을 배우기 시작했지요. 글방 훈장은 이 아이가 하도 부지런히 일을 하니 내쫓지 않았답니다.

어느 날 훈장이 가만히 보니 이 아이가 밤마다 옷소매를 쓰다듬었지요. 아주 귀한 게 있는 것 같아 물어도 그냥 웃기만 했어요. 훈장은 궁금해서 미칠 것 같아 아이가 잠자는 사이에 옷소매를 뜯어 봤답니다. 그러니 종이 한 장이 나오는데, 가만히 보니 사주팔자가 적힌 종이였지요. 그런데 벼슬도 하고 돈도 많이 번다고 적혀 있으니 깜짝 놀랐어요.

'아니, 이 아이가 이렇게 좋은 팔자를 타고 났다니 다시 봐야겠구나.'

훈장은 이렇게 생각하고 이제부터는 이전과 다르게 아이에게 아주 잘 대접했답니다. 이전과 같이 종처럼 부리지도 않고 글공부도 정말 열심히 가르치기 시작했지요. 몇 해가 지나자 훈장은 더 이상 아이에게 가르칠 게 없었어요. 과거 보는 때가 다가오자 훈장은 과거 보러 아이를 서울로 보냈답니다.

훈장이 워낙 열심히 가르쳤고 아이도 열심히 공부해서 과거에 급제를 했지요. 거기다 벼슬까지 얻어서 돌아오니 글방에서는 커다란 경사가 나서 잔치를 벌였답니다.

"네 옷소매에 있는 사주팔자를 몰래 보고 이렇게 될 줄 알았단다."

훈장은 기분이 좋아 사주팔자를 몰래 뜯어 본 것을 아이에게 실토했어요. 아이도 웃으며 가짜 사주팔자를 품고 집을 떠난 이야기를 모두 들려주었지요. 알고 보니 결국 훈장은 가짜 사주팔자에 속아 넘어간 꼴이 되었답니다. 사주팔자가 거짓이었다 해도 과거에 급제하고 벼슬도 얻었으니 훈장은 칭찬을 했답니다.

말을 타고 풍악을 울리며 집으로 돌아가니, 마을에서도 성대한 잔치가 벌어졌지요. 아들이 건강하게 돌아온 것도 기쁜 일인데 과거에 급제까지 했으니 말입니다. 아들은 점점 큰 벼슬로 올라가서 진짜로 부자가 되어 잘 살았답니다. 그러니 진짜 사주팔자는 사라지고 가짜 사주팔자대로 세상을 살게 된 셈이지요. 결국 사주팔자는 타고나는 게 아니라 사람의 힘으로 만들어 가는 거랍니다.

제목: 가짜 사주팔자

1　**인물**　이야기에 등장하는 인물은 누구인가요?

2　**시간과 장소**　언제, 어디에서 일어난 이야기인가요?

시간:

장소:

3　**사건들**　인물에게 어떤 일들이 일어났나요? 일이 어떠한 차례로 일어났나요?

4　**끝**　이야기가 어떻게 끝났나요?

7 글의 주제 알기

글의 주제를 알아봅시다

글의 주제는 글쓴이가 읽는 이에게 말하고자 하는 생각 또는 의견입니다. 글의 주제는 '~하자. 해야 한다' 또는 '~하지 말자. 하지 말아야 한다'로 만들 수 있습니다.

'가짜 사주팔자'를 읽고, <u>글의 주제</u>를 써 봅시다.

_____

_____

_____

읽기유창성

지시문

앞에 있는 종이에 글이 있어요. 이제 선생님이 "시작"이라고 하면(학생용 평가지의 첫 어절을 손가락으로 가리킨 후, 계속 훑으면서) 처음부터 읽기 시작해서 "그만"이라고 할 때까지 최대한 정확하게, 그리고 최대한 빨리 읽으세요. 글을 읽다가 모르는 글자가 나오면 선생님이 어떻게 해야 할지 알려 줄게요. 최선을 다하세요. 질문 있어요? (질문이 있으면 질문에 대답한다.) 준비, 시작. (학생이 첫 어절을 말함과 동시에 타이머를 누르고 1분간 학생의 반응을 기록한 뒤 1분이 지나면 "그만"이라고 말한다.)

옛날 어느 마을에 한 아버지가 부인 없이 아들 하나를 키우며 살았습니다. 사랑하는 부인은 아들을 낳자마자 큰 병이 나서 그만 죽고 말았지요. 그러니 이 사람에게는 아들이 세상에서 가장 소중한 보물과도 같았답니다. 그야말로 눈에 넣어도 아프지 않을 정도로 아끼고 챙기고 사랑하며 키웠지요.

아들이 열 살이 되었을 때, 아버지는 점쟁이에게 가서 사주팔자를 보았답니다. 소중한 아들이 앞으로 잘 살게 될지 못 살게 될지 궁금했지요. 점쟁이가 사주팔자를 딱하고 뽑았는데, 아니 글쎄 평생 빌어먹는 팔자라고 나왔답니다. 한번 타고난 사주팔자는 사람의 힘으로는 바꿀 수 없다고 전해져 내려왔지요. 그러니 아버지는 아들 걱정에 기가 막히고 코가 막히고 가슴이 막혀 왔답니다. 아버지는 집에 돌아와서도 밥도 안 먹고 드러누워 끙끙 앓기 시작했지요. 건강하시던 아버지가 드러누워 앓기 시작하니 아들이 걱정이 되어 당장 물었지요.

"아들아, 오늘 점쟁이에게 네 사주팔자를 보았는데, 평생 빌어먹을 신세라는구나."

아버지의 설명을 듣고 아들이 골똘히 생각에 잠겼다가 다시 말문을 열었습니다.

"그렇다면 아버지, 제가 이 길로 집을 나가 팔자땜을 하고 돌아오겠습니다.

옛날부터 액땜이라고 미리 나쁜 일을 경험하면 나중에 닥칠 화를 피한다고 했지요. 아들도 평생 빌어먹을 신세를 피하기 위해 미리 고생길을 나서겠다고 우겼답니다. 아들이 바득바득 조르니 아버지도 어쩔 수 없이 아들의 고집을 들어주었지요.

아들은 집을 나서자마자 곧바로 점쟁이에게 달려가 엎드려 간곡하게 부탁을 드렸습니다.

"팔자땜을 하려고 집을 나섰는데, 저에게 가짜 사주팔자를 하나 써 주십시오. 꼭 벼슬도 하고 돈도 많이 벌어 잘 살 팔자라고 써 주십시오."

점쟁이가 가짜 사주팔자를 써 주니 아들은 그걸 옷소매에 넣고 꿰맸지요. 그리고 길을 떠나 여기저기 떠돌아다니다가 어느 마을 글방에 가게 되었답니다. 글방에서 마당도 쓸고 부엌일도 하면서 어깨 너머로 글을 배우기 시작했지요. 글방 훈장은 이 아이가 하도 부지런히 일을 하니 내쫓지 않았답니다.

어느 날 훈장이 가만히 보니 이 아이가 밤마다 옷소매를 쓰다듬었지요. 아주 귀한 게 있는 것 같아 물어도 그냥 웃기만 했어요. 훈장은 궁금해서 미칠 것 같아 아이가 잠자는 사이에 옷소매를 뜯어 봤답니다. 그러니 종이 한 장이 나오는데, 가만히 보니 사주팔자가 적힌 종이였지요. 그런데 벼슬도 하고 돈도 많이 번다고 적혀 있으니 깜짝 놀랐어요.

'아니, 이 아이가 이렇게 좋은 팔자를 타고 났다니 다시 봐야겠구나.'

훈장은 이렇게 생각하고 이제부터는 이전과 다르게 아이에게 아주 잘 대접했답니다. 이전과 같이 종처럼 부리지도 않고 글공부도 정말 열심히 가르치기 시작했지요. 몇 해가 지나자 훈장은 더 이상 아이에게 가르칠 게 없었어요. 과거 보는 때가 다가오자 훈장은 과거 보러 아이를 서울로 보냈답니다.

훈장이 워낙 열심히 가르쳤고 아이도 열심히 공부해서 과거에 급제를 했지요. 거기다 벼슬까지 얻어서 돌아오니 글방에서는 커다란 경사가 나서 잔치를 벌였답니다.

"네 옷소매에 있는 사주팔자를 몰래 보고 이렇게 될 줄 알았단다."

훈장은 기분이 좋아 사주팔자를 몰래 뜯어 본 것을 아이에게 실토했어요. 아이도 웃으며 가짜 사주팔자를 품고 집을 떠난 이야기를 모두 들려주었지요. 알고 보니 결국 훈장은 가짜 사주팔자에 속아 넘어간 꼴이 되었답니다. 사주팔자가 거짓이었다 해도 과거에 급제하고 벼슬도 얻었으니 훈장은 칭찬을 했답니다.

말을 타고 풍악을 울리며 집으로 돌아가니, 마을에서도 성대한 잔치가 벌어졌지요. 아들이 건강하게 돌아온 것도 기쁜 일인데 과거에 급제까지 했으니 말입니다. 아들은 점점 큰 벼슬로 올라가서 진짜로 부자가 되어 잘 살았답니다. 그러니 진짜 사주팔자는 사라지고 가짜 사주팔자대로 세상을 살게 된 셈이지요. 결국 사주팔자는 타고나는 게 아니라 사람의 힘으로 만들어 가는 거랍니다.

🎓 읽기유창성 점수: _____

▶ 사전평가와 사후평가의 지문은 학지사 홈페이지(http://www.hakjisa.co.kr)에서 내려받을 수 있습니다.

읽기이해

📖 **다음 질문에 최대한 자세히 답을 써 주세요.**
(※ 쓰는 것이 어려운 학생의 경우, 구두로 답하도록 하세요.)

1 이야기에 등장하는 인물은 누구인가요? 네 사람을 써 보세요.

2 언제, 어디에서 있었던 일인가요?

1) 언제:

2) 어디서:

3 아버지가 아들의 사주팔자를 본 까닭은 무엇일까요?

4 아들은 어떤 사주팔자를 가지고 태어났다고 하였나요?

5 가짜 사주팔자에는 무엇이라고 적혀 있었나요?

6 사주팔자는 타고나는 것이 아니라 사람의 힘으로 만들어 간다는 것을 어떻게 알 수 있나요?

7 이야기에 나오는 아들은 어떤 사람일까요? 그것을 어떻게 알 수 있는지 글에서 찾아 써 보세요.

1) 어떤 사람일까요?

2) 그것을 어떻게 알 수 있나요?

2. 꼬마 신랑

학◇습◇목◇표

🏫 글을 읽을 때, 적당한 부분에서 글을 빠르고 정확하게 끊어 읽을 수 있다.

🏫 글을 읽고, 글의 중심내용과 글의 주제를 파악할 수 있다.

사◇전◇평◇가

지시문

앞에 있는 종이에 글이 있어요. 이제 선생님이 "시작"이라고 하면(학생용 평가지의 첫 어절을 손가락으로 가리킨 후, 계속 훑으면서) 처음부터 읽기 시작해서 "그만"이라고 할 때까지 최대한 정확하게, 그리고 최대한 빨리 읽으세요. 글을 읽다가 모르는 글자가 나오면 선생님이 어떻게 해야 할지 알려 줄게요. 최선을 다하세요. 질문 있어요? (질문이 있으면 질문에 대답한다.) 준비, 시작. (학생이 첫 어절을 말함과 동시에 타이머를 누르고 1분간 학생의 반응을 기록한 뒤 1분이 지나면 "그만"이라고 말한다.)

옛날 옛날, 어느 시골 마을에 성대한 결혼 잔치가 시끌벅적하게 열렸어요. 어떤 색시가 연지 곤지 찍고 새 옷 입고 가마 타고 시집을 왔지요. 그런데 시집을 와서 보니 신랑이 아주 쪼그만 일곱 살짜리 꼬마 아이였어요. 색시는 열아홉 살, 신랑은 일곱 살, 옛날에만 볼 수 있었던 바로 꼬마 신랑이었지요.

신랑이 일곱 살짜리 아이니까 하는 일이란 게 조르는 거밖에 없어요. 색시가 부엌에서 밥상을 준비하면서 밥을 푸면 누룽지 긁어 달라 조르지요. 색시가 냇가에서 힘들게 빨래를 하고 있으면 물고기를 잡아 달라고 조르지요. 다리가 아프면 업어 달라고 조르고, 배고프면 밥 먹여 달라고 조르지요. 자다가 심심하면 놀아 달라고 조르고, 놀다가 졸리면 재워 달라고 졸랐답니다.

아무리 어린 신랑이지만 이렇게 철없이 조르기만 하니 색시의 마음이 어땠겠어요. 그렇지요, 색시는 그만 확 질려 버려서 꼬마 신랑이 아무리 졸라도 쳐다보지도 않았어요.

그렇게 색시의 마음이 굳어 버린 어느 하루 밭에 일을 하러 나갔답니다. 색시가 밭일을 하는 동안 꼬마 신랑은 집에서 놀다가 점심때가 돼서 밥을 챙겨 밭으로 갔지요. 밥을 챙겨 밭까지 온 것은 고마운데 또 지분지분 귀찮게 하는 거예요.

"색시야, 우리 예쁜 색시야, 망초꽃 위에 올라앉은 잠자리 잡아 줘."

"색시야, 우리 예쁜 색시야, 산 밑에 열려 있는 산머루 따 줘."

"색시야, 우리 예쁜 색시야, 저 느티나무 위로 나를 올려 줘."

"색시야 우리 예쁜 색시야, 일 그만 하고 목말 태워 줘."

결국 화가 머리끝까지 난 색시는 꼬마 신랑을 다짜고짜 도랑으로 밀어 버렸지요. 그 때문에 꼬마 신랑은 도랑 흙탕물에 처박혀 온몸이 흙투성이가 되었어요. 꼬마 신랑이 터벅터벅 집 안으로 들어오는데 어머니가 보고 깜짝 놀라 물었지요.

"아니, 네 꼴이 지금 어찌해서 그리 되었느냐?"

만약에 '색시가 도랑에 밀어서 이렇게 되었어요.'라고 말하면 색시가 어떻게 되겠어요? 집안의 귀한 아들을 그렇게 만들었으니 색시는 시어머니에게 크게 혼이 나겠지요. 그런데 꼬마 신랑이 이렇게 말했어요.

"점심을 먹고 심심해서 도랑에서 붕어를 잡다 빠져서 이렇게 되었습니다."

제 색시가 어머니에게 혼이 날까 봐 걱정이 돼서 일부러 그렇게 말했지요. 그러니까 어머니께서 크게 의심을 하지 않으시고 '다음부터는 제발 조심해라.' 하고 말았어요.

그 일이 있고 나서 며칠 후에 색시가 우물에서 물을 긷고 있었지요. 그런데 어디서 또 꼬마 신랑이 짠하고 나타나서는 색시를 지분지분 조르기 시작했어요.

"색시야, 우리 예쁜 색시야, 물은 나중에 긷고 같이 땅따먹기 하자."

"색시야, 우리 예쁜 색시야, 물은 나중에 긷고 같이 구슬치기 하자."

일이 바빠 정신없던 색시는 꼬마 신랑 때문에 또 화가 머리끝까지 치솟았어요. 그래서 색시는 꼬마 신랑을 다짜고짜 소가 사는 외양간에 처넣어 버렸지요. 조금 뒤에 아버지가 밖에서 집으로 돌아와 외양간에 있는 아들을 보고 물었어요.

"아니, 네가 지금 외양간 안에서 무얼 한다고 들어가 있느냐?"

"동네 아이들이랑 놀다가 지겨워서 외양간을 고치려고 들어왔습니다."

제 색시가 야단맞을까 봐 꼬마 신랑은 이번에도 일부러 말을 지어서 둘러댔지요.

그 일이 있고 나서 며칠 뒤에 색시가 마당에서 고추를 널고 있었어요. 또 꼬마 신랑이 어디선가 짠하고 나타나서 힘들게 일하는 색시를 조르기 시작했지요.

"색시야, 우리 예쁜 색시야, 일은 그만 하고 나 업어 주."

"색시야, 우리 예쁜 색시야, 일은 그만 하고 나 재워 주."

하도 귀찮게 조르니 색시가 짜증이 나서 꼬마 신랑을 지붕 위에다 올려놨어요. 얼마 뒤에 어머니, 아버지가 밭일을 갔다 돌아오면서 지붕 위의 아들을 보고 물었지요.

"아니, 네가 지금 위험하게 지붕 위에 올라가서 무얼 하느냐?"

"지붕 위에 열린 박이 참 실하게 보여 박 따러 올라왔습니다."

꼬마 신랑은 이번에도 색시를 위해서 얼른 말을 꾸며 아버지 어머니께 둘러댔지요. 꼬마 신랑이지만 마음 씀씀이가 어른보다 깊은 걸 보고 색시는 감동하여 오순도순 잘 살았다는 이야기랍니다.

❖ 읽기유창성 점수: _____

▶ 사전평가와 사후평가의 지문은 학지사 홈페이지(http://www.hakjisa.co.kr)에서 내려받을 수 있습니다.

1 단어를 빠르고 정확하게 읽기

다음 단어를 바르게 읽어 봅시다

성대한	시끌벅적하게
졸랐답니다	긁어
철없이	올라앉은
목말	박혀
긴고	치솟았어요
둘러댔지요	넣어

▶ 이 페이지의 내용은 복사하거나 학지사 홈페이지(http://www.hakjisa.co.kr)에서 내려받아 사용하세요!

다음 단어들을 빠르고 정확하게 읽어 봅시다

성대한	시끌벅적하게	졸랐답니다	긁어	철없이
올라앉은	목말	박혀	긷고	치솟았어요
둘러댔지요	넣어	졸랐답니다	긁어	철없이
시끌벅적하게	성대한	둘러댔지요	넣어	치솟았어요
성대한	시끌벅적하게	졸랐답니다	긁어	철없이
박혀	긷고	올라앉은	성대한	시끌벅적하게
둘러댔지요	넣어	목말	둘러댔지요	목말
철없이	긁어	졸랐답니다	철없이	넣어
치솟았어요	긷고	박혀	둘러댔지요	넣어
올라앉은	목말	박혀	긷고	치솟았어요
성대한	시끌벅적하게	졸랐답니다	긁어	철없이

다음 단어를 알아봅시다

예시문을 읽고, 내가 생각하는 단어의 뜻을 써 봅시다.

_____

올바른 단어의 뜻을 써 봅시다.

_____

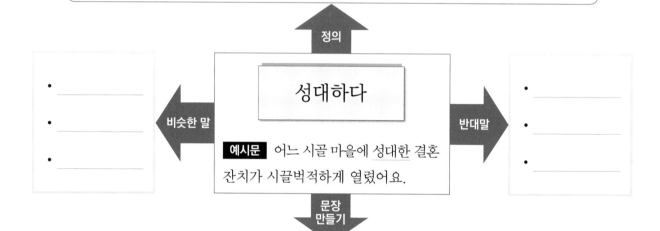

정의

성대하다

비슷한 말

반대말

예시문 어느 시골 마을에 성대한 결혼 잔치가 시끌벅적하게 열렸어요.

문장 만들기

비슷한 말을 넣어서 문장을 완성해 봅시다.

어느 시골 마을에 _____ 결혼 잔치가 시끌벅적하게 열렸어요.

새로운 문장을 만들어 써 봅시다.

_____

도전문제

성대한 잔치나 행사를 본 적이 있나요? 어떤 잔치 또는 행사였나요?

_____

_____

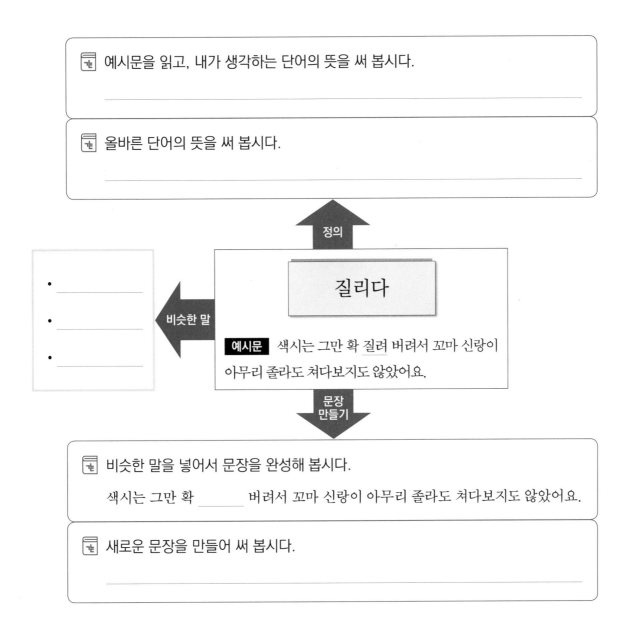

예시문을 읽고, 내가 생각하는 단어의 뜻을 써 봅시다.

_____

올바른 단어의 뜻을 써 봅시다.

_____

정의

질리다

예시문 색시는 그만 확 질려 버려서 꼬마 신랑이 아무리 졸라도 쳐다보지도 않았어요.

비슷한 말

- _____
- _____
- _____

문장 만들기

비슷한 말을 넣어서 문장을 완성해 봅시다.

색시는 그만 확 _____ 버려서 꼬마 신랑이 아무리 졸라도 쳐다보지도 않았어요.

새로운 문장을 만들어 써 봅시다.

_____

 도전문제

무언가에 <u>질린</u> 적이 있나요? 왜 <u>질렸나요</u>?

_____

_____

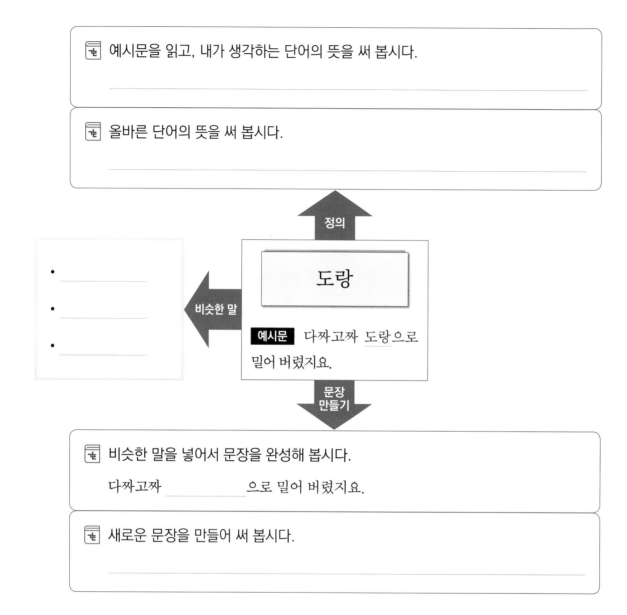

예시문을 읽고, 내가 생각하는 단어의 뜻을 써 봅시다.

올바른 단어의 뜻을 써 봅시다.

정의

도랑

예시문 다짜고짜 도랑으로 밀어 버렸지요.

비슷한 말

•
•
•

문장
만들기

비슷한 말을 넣어서 문장을 완성해 봅시다.

다짜고짜 _____으로 밀어 버렸지요.

새로운 문장을 만들어 써 봅시다.

도전문제

도랑을 건너 본 적이 있나요? 어디서 건너 보았나요?

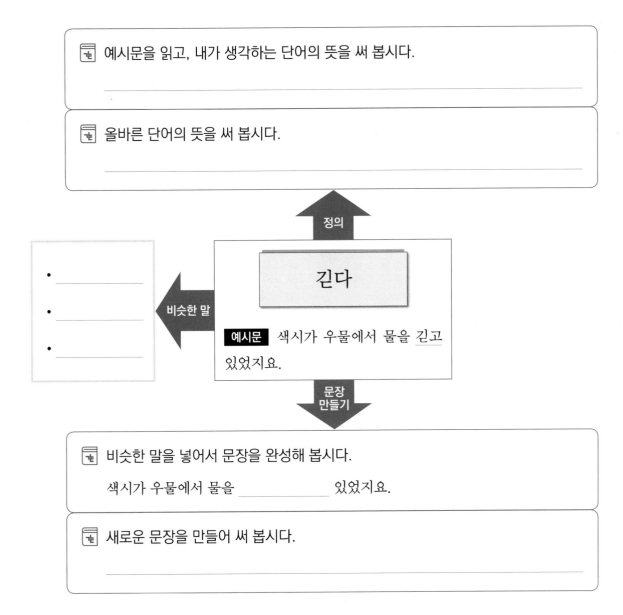

예시문을 읽고, 내가 생각하는 단어의 뜻을 써 봅시다.

올바른 단어의 뜻을 써 봅시다.

정의

긴다

예시문 색시가 우물에서 물을 긷고 있었지요.

비슷한 말

-
-
-

문장 만들기

비슷한 말을 넣어서 문장을 완성해 봅시다.

색시가 우물에서 물을 _____ 있었지요.

새로운 문장을 만들어 써 봅시다.

도전문제

물을 직접 긷는 경험을 해 본 적이 있나요?

📖 예시문을 읽고, 내가 생각하는 단어의 뜻을 써 봅시다.

_____

📖 올바른 단어의 뜻을 써 봅시다.

_____

정의

둘러대다

예시문 일부러 말을 지어서 둘러댔지요.

비슷한 말

- _____
- _____
- _____

문장
만들기

📖 비슷한 말을 넣어서 문장을 완성해 봅시다.

일부러 말을 지어서 _____ .

📖 새로운 문장을 만들어 써 봅시다.

_____

도전문제

언제 무언가를 둘러대게 되나요? 무언가를 둘러댄 경험이 있나요?

_____
_____

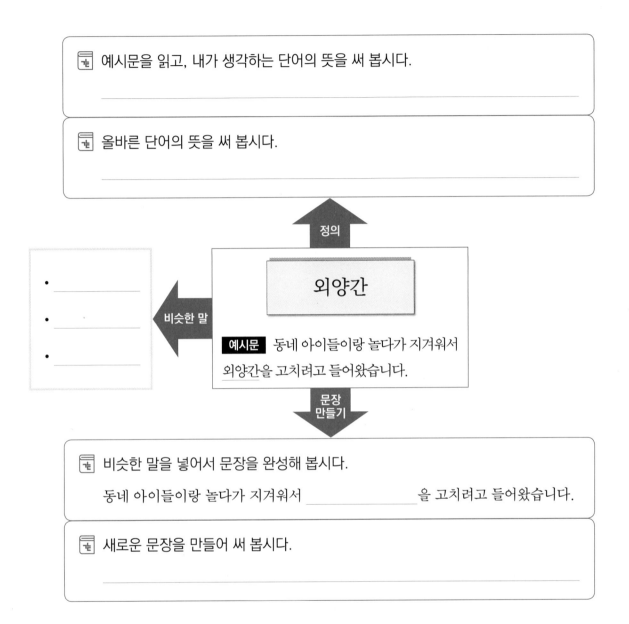

예시문을 읽고, 내가 생각하는 단어의 뜻을 써 봅시다.

올바른 단어의 뜻을 써 봅시다.

정의

외양간

비슷한 말

예시문 동네 아이들이랑 놀다가 지겨워서 외양간을 고치려고 들어왔습니다.

문장 만들기

비슷한 말을 넣어서 문장을 완성해 봅시다.

동네 아이들이랑 놀다가 지겨워서 ＿＿＿＿＿＿＿＿을 고치려고 들어왔습니다.

새로운 문장을 만들어 써 봅시다.

도전문제

외양간에 가면 무엇을 주로 볼 수 있나요?

✎ 〈보기〉의 단어와 비슷한 말 짝이 되는 단어를 찾아서 동그라미 치세요.

1 |

보기

성대한

1) 초라한   2) 장대한   3) 보잘것없는

2 |

보기

질리다

1) 질색하다   2) 흥미롭다   3) 관심 있다

✎ 다음 문장에 맞게 단어가 사용되었는지 생각해 봅시다.

1 | 그 책은 처음 봐서 너무 질린다.

예(   )   아니요 (   )   왜 그렇다고 생각하나요? _____

2 | 고여 있던 빗물이 도랑을 따라 흘러갔다.

예(   )   아니요 (   )   왜 그렇다고 생각하나요? _____

3 | 재석이는 물을 긷다가 두레박줄이 풀어져 울음을 터뜨렸다.

예(   )   아니요 (   )   왜 그렇다고 생각하나요? _____

3 어구를 빠르고 정확하게 읽기

다음 어구를 바르게 읽어 봅시다

조르는 거밖에 없어요	아무리 어린 신랑이지만	맨 꼭대기 위에 올라앉은 잠자리	혼이 날까 봐 걱정이 돼서	무얼 한다고 돌아가 있느냐?	집안의 귀한 아들을 그렇게 만들었으니	마음 씀씀이가 어른보다 깊은 걸 보고

집을 와서 보니	누룽지 긁어 달라 조르지요	꼬마 신랑이 아무리 졸라도	도랑에서 붕어를 잡다 빠져서	소가 사는 외양간에 처넣어 버렸지요	동네 아이들이랑 놀다가 지쳐서	말을 지어서 둘러댔지요

▶ 이 페이지의 내용은 복사하거나 학지사 홈페이지(http://www.hakjisa.co.kr)에서 내려받아 사용하세요!

다음 어구/절들을 빠르고 정확하게 읽어 봅시다

누룽지 긁어 담다 조르지요	조르는 거미에 없어요	집을 와서 보니
맹꽁풀 위에 올라앉은 잠자리	꼬마 신랑이 아무리 좋다고	아무리 어린 신랑이지만
소가 사는 외양간에 처넣어 버렸지요	혼이 날까 봐 걱정이 돼서	도랑에서 붕어를 잡다 빠져서
집안의 귀한 아들을 그렇게 만들었으니	동네 아이들이랑 놀다가 지켜워서	무얼 한다고 들어가 있느냐?
혼이 날까 봐 걱정이 돼서	마음 씀씀이가 어른보다 깊은 걸 보고	말을 지어서 둘러댔지요
집을 와서 보니	조르는 거미에 없어요	누룽지 긁어 담다 조르지요
아무리 어린 신랑이지만	꼬마 신랑이 아무리 좋다고	맹꽁풀 위에 올라앉은 잠자리
도랑에서 붕어를 잡다 빠져서	혼이 날까 봐 걱정이 돼서	소가 사는 외양간에 처넣어 버렸지요
무얼 한다고 들어가 있느냐?	동네 아이들이랑 놀다가 지켜워서	집안의 귀한 아들을 그렇게 만들었으니
말을 지어서 둘러댔지요	마음 씀씀이가 어른보다 깊은 걸 보고	혼이 날까 봐 걱정이 돼서
맹꽁풀 위에 올라앉은 잠자리	소가 사는 외양간에 처넣어 버렸지요	집안의 귀한 아들을 그렇게 만들었으니
동네 아이들이랑 놀다가 지켜워서	마음 씀씀이가 어른보다 깊은 걸 보고	누룽지 긁어 담다 조르지요
조르는 거미에 없어요	꼬마 신랑이 아무리 좋다고	혼이 날까 봐 걱정이 돼서
말을 지어서 둘러댔지요	무얼 한다고 들어가 있느냐?	아무리 어린 신랑이지만
마음 씀씀이가 어른보다 깊은 걸 보고	말을 지어서 둘러댔지요	집을 와서 보니
소가 사는 외양간에 처넣어 버렸지요	혼이 날까 봐 걱정이 돼서	도랑에서 붕어를 잡다 빠져서
집안의 귀한 아들을 그렇게 만들었으니	동네 아이들이랑 놀다가 지켜워서	무얼 한다고 들어가 있느냐?
누룽지 긁어 담다 조르지요	조르는 거미에 없어요	집을 와서 보니
맹꽁풀 위에 올라앉은 잠자리	꼬마 신랑이 아무리 좋다고	아무리 어린 신랑이지만

▶ 이 페이지의 내용은 복사하거나 학지사 홈페이지(http://www.hakjisa.co.kr)에서 내려받아 사용하세요!

다음 글을 / 표시된 곳에서 끊어 읽어 봅시다. 읽을 때 빠르고 정확하게 읽도록 합시다

　옛날 옛날, / 어느 시골 마을에 / 성대한 결혼 잔치가 / 시끌벅적하게 열렸어요. / 어떤 색시가 / 연지 곤지 찍고 / 새 옷 입고 / 가마 타고 / 시집을 왔지요. / 그런데 / 시집을 와서 보니 / 신랑이 / 아주 쪼그만 일곱 살짜리 / 꼬마 아이였어요. / 색시는 열아홉 살, / 신랑은 일곱 살, / 옛날에만 볼 수 있었던 / 바로 / 꼬마 신랑이었지요.

　신랑이 / 일곱 살짜리 아이니까 / 하는 일이란 게 / 조르는 거밖에 없어요. / 색시가 / 부엌에서 / 밥상을 준비하면서 밥을 푸면 / 누룽지 긁어 달라 조르지요. / 색시가 / 냇가에서 / 힘들게 빨래를 하고 있으면 / 물고기를 잡아 달라고 조르지요. / 다리가 아프면 / 업어 달라고 조르고, / 배고프면 / 밥 먹여 달라고 조르지요. / 자다가 심심하면 / 놀아 달라고 조르고, / 놀다가 졸리면 / 재워 달라고 졸랐답니다. /

　아무리 어린 신랑이지만 / 이렇게 철없이 조르기만 하니 / 색시의 마음이 어땠겠어요. / 그렇지요, / 색시는 / 그만 확 질려 버려서 / 꼬마 신랑이 아무리 졸라도 / 쳐다보지도 않았어요. /

　그렇게 색시의 마음이 / 굳어 버린 어느 하루 / 밭에 / 일을 하러 나갔답니다. / 색시가 / 밭일을 하는 동안 / 꼬마 신랑은 / 집에서 놀다가 / 점심때가 돼서 / 밥을 챙겨 밭으로 갔지요. / 밥을 챙겨 밭까지 온 것은 / 고마운데 / 또 지분지분 귀찮게 하는 거예요. /

　"색시야, / 우리 예쁜 색시야, / 망초꽃 위에 올라앉은 잠자리 / 잡아 주." /

　"색시야, / 우리 예쁜 색시야, / 산 밑에 열려 있는 산머루 / 따 주." /

　"색시야, / 우리 예쁜 색시야, / 저 느티나무 위로 / 나를 올려 주." /

　"색시야 / 우리 예쁜 색시야, / 일 그만 하고 / 목말 태워 주." /

　결국 / 화가 머리끝까지 난 색시는 / 꼬마 신랑을 / 다짜고짜 / 도랑으로 밀어 버렸지요. / 그 때문에 / 꼬마 신랑은 / 도랑 흙탕물에 처박혀 / 온몸이 흙투성이가 되었어요. / 꼬마 신랑이 / 터벅터벅 집 안으로 들어오는데 / 어머니가 보고 / 깜짝 놀라 물었지요. /

　"아니, / 네 꼴이 / 지금 어찌해서 그리 되었느냐?" /

　만약에 / '색시가 / 도랑에 밀어서 / 이렇게 되었어요.'라고 말하면 / 색시가 / 어떻게 되

겠어요? / 집안의 귀한 아들을 그렇게 만들었으니 / 색시는 / 시어머니에게 / 크게 혼이 나겠지요. / 그런데 / 꼬마 신랑이 / 이렇게 말했어요. /

"점심을 먹고 심심해서 / 도랑에서 붕어를 잡다 빠져서 / 이렇게 되었습니다." /

제 색시가 / 어머니에게 / 혼이 날까 봐 걱정이 돼서 / 일부러 그렇게 말했지요. / 그러니까 / 어머니께서 / 크게 의심을 하지 않으시고 / '다음부터는 / 제발 조심해라.' 하고 말았어요. /

그 일이 있고 나서 / 며칠 후에 / 색시가 / 우물에서 물을 긷고 있었지요. / 그런데 / 어디서 또 / 꼬마 신랑이 / 짠하고 나타나서는 / 색시를 지분지분 조르기 시작했어요. /

"색시야, / 우리 예쁜 색시야, / 물은 나중에 긷고 / 같이 땅따먹기 하자." /

"색시야, / 우리 예쁜 색시야, / 물은 나중에 긷고 / 같이 구슬치기 하자." /

일이 바빠 정신없던 색시는 / 꼬마 신랑 때문에 / 또 화가 / 머리끝까지 치솟았어요. / 그래서 / 색시는 / 꼬마 신랑을 / 다짜고짜 / 소가 사는 외양간에 처넣어 버렸지요. / 조금 뒤에 / 아버지가 / 밖에서 집으로 돌아와 / 외양간에 있는 아들을 보고 물었어요. /

"아니, / 네가 / 지금 외양간 안에서 / 무얼 한다고 들어가 있느냐?" /

"동네 아이들이랑 놀다가 지겨워서 / 외양간을 고치려고 들어왔습니다." /

제 색시가 / 야단맞을까 봐 / 꼬마 신랑은 / 이번에도 / 일부러 / 말을 지어서 둘러댔지요. /

그 일이 있고 나서 며칠 뒤에 / 색시가 / 마당에서 / 고추를 널고 있었어요. / 또 꼬마 신랑이 / 어디선가 짠하고 나타나서 / 힘들게 일하는 색시를 조르기 시작했지요. /

"색시야, / 우리 예쁜 색시야, / 일은 그만 하고 / 나 업어 줘." /

"색시야, / 우리 예쁜 색시야, / 일은 그만 하고 / 나 재워 줘." /

하도 귀찮게 조르니 / 색시가 짜증이 나서 / 꼬마 신랑을 지붕 위에다 올려놨어요. / 얼마 뒤에 / 어머니, 아버지가 / 밭일을 갔다 돌아오면서 / 지붕 위의 아들을 보고 물었지요. /

"아니, / 네가 / 지금 위험하게 / 지붕 위에 올라가서 / 무얼 하느냐?" /

"지붕 위에 열린 박이 / 참 실하게 보여 / 박 따러 올라왔습니다." /

꼬마 신랑은 / 이번에도 / 색시를 위해서 / 얼른 말을 꾸며 / 아버지 어머니께 둘러댔지요. / 꼬마 신랑이지만 / 마음 씀씀이가 어른보다 깊은 걸 보고 / 색시는 / 감동하여 / 오순도순 잘 살았다는 이야기랍니다. /

6 이야기 지도 사용하여 글 읽고 이해하기: 인물, 시장, 사건, 끝을 기억하며 글의 내용 파악하기

'이야기 지도(인물, 시장, 사건, 끝)'를 사용하여 글의 내용을 파악해 봅시다

꼬마 신랑

옛날 옛날, 어느 시골 마을에 성대한 결혼 잔치가 시끌벅적하게 열렸어요. 어떤 색시가 연지 곤지 찍고 새 옷 입고 가마 타고 시집을 왔지요. 그런데 시집을 와서 보니 신랑이 아주 쪼그만 일곱 살짜리 꼬마 아이였어요. 색시는 열아홉 살, 신랑은 일곱 살, 옛날에만 볼 수 있었던 바로 꼬마 신랑이었지요.

신랑이 일곱 살짜리 아이니까 하는 일이란 게 조르는 거밖에 없어요. 색시가 부엌에서 밥상을 준비하면서 밥을 푸면 누룽지 긁어 달라 조르지요. 색시가 냇가에서 힘들게 빨래를 하고 있으면 물고기를 잡아 달라고 조르지요. 다리가 아프면 업어 달라고 조르고, 배고프면 밥 먹여 달라고 조르지요. 자다가 심심하면 놀아 달라고 조르고, 놀다가 졸리면 재워 달라고 졸랐답니다.

아무리 어린 신랑이지만 이렇게 철없이 조르기만 하니 색시의 마음이 어땠겠어요. 그렇지요, 색시는 그만 확 질려 버려서 꼬마 신랑이 아무리 졸라도 쳐다보지도 않았어요.

그렇게 색시의 마음이 굳어 버린 어느 하루 밭에 일을 하러 나갔답니다. 색시가 밭일을 하는 동안 꼬마 신랑은 집에서 놀다가 점심때가 돼서 밥을 챙겨 밭으로 갔지요. 밥을 챙겨 밭까지 온 것은 고마운데 또 지분지분 귀찮게 하는 거예요.

"색시야, 우리 예쁜 색시야, 망초꽃 위에 올라앉은 잠자리 잡아 주."

"색시야, 우리 예쁜 색시야, 산 밑에 열려 있는 산머루 따 주."

"색시야, 우리 예쁜 색시야, 저 느티나무 위로 나를 올려 주."

"색시야 우리 예쁜 색시야, 일 그만 하고 목말 태워 주."

결국 화가 머리끝까지 난 색시는 꼬마 신랑을 다짜고짜 도랑으로 밀어 버렸지요. 그

때문에 꼬마 신랑은 도랑 흙탕물에 처박혀 온몸이 흙투성이가 되었어요. 꼬마 신랑이 터벅터벅 집 안으로 들어오는데 어머니가 보고 깜짝 놀라 물었지요.

"아니, 네 꼴이 지금 어찌해서 그리 되었느냐?"

만약에 '색시가 도랑에 밀어서 이렇게 되었어요.'라고 말하면 색시가 어떻게 되겠어요? 집안의 귀한 아들을 그렇게 만들었으니 색시는 시어머니에게 크게 혼이 나겠지요. 그런데 꼬마 신랑이 이렇게 말했어요.

"점심을 먹고 심심해서 도랑에서 붕어를 잡다 빠져서 이렇게 되었습니다."

제 색시가 어머니에게 혼이 날까 봐 걱정이 돼서 일부러 그렇게 말했지요. 그러니까 어머니께서 크게 의심을 하지 않으시고 '다음부터는 제발 조심해라.' 하고 말았어요.

그 일이 있고 나서 며칠 후에 색시가 우물에서 물을 긷고 있었지요. 그런데 어디서 또 꼬마 신랑이 짠하고 나타나서는 색시를 지분지분 조르기 시작했어요.

"색시야, 우리 예쁜 색시야, 물은 나중에 긷고 같이 땅따먹기 하자."

"색시야, 우리 예쁜 색시야, 물은 나중에 긷고 같이 구슬치기 하자."

일이 바빠 정신없던 색시는 꼬마 신랑 때문에 또 화가 머리끝까지 치솟았어요. 그래서 색시는 꼬마 신랑을 다짜고짜 소가 사는 외양간에 처넣어 버렸지요. 조금 뒤에 아버지가 밖에서 집으로 돌아와 외양간에 있는 아들을 보고 물었어요.

"아니, 네가 지금 외양간 안에서 무얼 한다고 들어가 있느냐?"

"동네 아이들이랑 놀다가 지겨워서 외양간을 고치려고 들어왔습니다."

제 색시가 야단맞을까 봐 꼬마 신랑은 이번에도 일부러 말을 지어서 둘러댔지요.

그 일이 있고 나서 며칠 뒤에 색시가 마당에서 고추를 널고 있었어요. 또 꼬마 신랑이 어디선가 짠하고 나타나서 힘들게 일하는 색시를 조르기 시작했지요.

"색시야, 우리 예쁜 색시야, 일은 그만 하고 나 업어 줘."

"색시야, 우리 예쁜 색시야, 일은 그만 하고 나 재워 줘."

하도 귀찮게 조르니 색시가 짜증이 나서 꼬마 신랑을 지붕 위에다 올려놨어요. 얼마 뒤에 어머니, 아버지가 밭일을 갔다 돌아오면서 지붕 위의 아들을 보고 물었지요.

"아니, 네가 지금 위험하게 지붕 위에 올라가서 무얼 하느냐?"

"지붕 위에 열린 박이 참 실하게 보여 박 따러 올라왔습니다."

꼬마 신랑은 이번에도 색시를 위해서 얼른 말을 꾸며 아버지 어머니께 둘러댔지요. 꼬마 신랑이지만 마음 씀씀이가 어른보다 깊은 걸 보고 색시는 감동하여 오순도순 잘 살았다는 이야기랍니다.

제목: 꼬마 신랑

1 | 인물 | 이야기에 등장하는 인물은 누구인가요?

2 | 시간과 장소 | 언제, 어디에서 일어난 이야기인가요?

시간:

장소:

3 | 사건들 | 인물에게 어떤 일들이 일어났나요? 일이 어떠한 차례로 일어났나요?

4 | 끝 | 이야기가 어떻게 끝났나요?

7 글의 주제 알기

글의 주제는 글쓴이가 읽는 이에게 말하고자 하는 생각 또는 의견입니다. 글의 주제는 '~하자. 해야 한다' 또는 '~하지 말자. 하지 말아야 한다'로 만들 수 있습니다.

 '꼬마 신랑'을 읽고, 글의 주제를 써 봅시다.

_____

_____

_____

읽기유창성

지시문

앞에 있는 종이에 글이 있어요. 이제 선생님이 "시작"이라고 하면(학생용 평가지의 첫 어절을 손가락으로 가리킨 후, 계속 훑으면서) 처음부터 읽기 시작해서 "그만"이라고 할 때까지 최대한 정확하게, 그리고 최대한 빨리 읽으세요. 글을 읽다가 모르는 글자가 나오면 선생님이 어떻게 해야 할지 알려 줄게요. 최선을 다하세요. 질문 있어요? (질문이 있으면 질문에 대답한다.) 준비, 시작. (학생이 첫 어절을 말함과 동시에 타이머를 누르고 1분간 학생의 반응을 기록한 뒤 1분이 지나면 "그만"이라고 말한다.)

　옛날 옛날, 어느 시골 마을에 성대한 결혼 잔치가 시끌벅적하게 열렸어요. 어떤 색시가 연지 곤지 찍고 새 옷 입고 가마 타고 시집을 왔지요. 그런데 시집을 와서 보니 신랑이 아주 쪼그만 일곱 살짜리 꼬마 아이였어요. 색시는 열아홉 살, 신랑은 일곱 살, 옛날에만 볼 수 있었던 바로 꼬마 신랑이었지요.

　신랑이 일곱 살짜리 아이니까 하는 일이란 게 조르는 거밖에 없어요. 색시가 부엌에서 밥상을 준비하면서 밥을 푸면 누룽지 긁어 달라 조르지요. 색시가 냇가에서 힘들게 빨래를 하고 있으면 물고기를 잡아 달라고 조르지요. 다리가 아프면 업어 달라고 조르고, 배고프면 밥 먹여 달라고 조르지요. 자다가 심심하면 놀아 달라고 조르고, 놀다가 졸리면 재워 달라고 졸랐답니다.

　아무리 어린 신랑이지만 이렇게 철없이 조르기만 하니 색시의 마음이 어땠겠어요. 그렇지요, 색시는 그만 확 질려 버려서 꼬마 신랑이 아무리 졸라도 쳐다보지도 않았어요.

　그렇게 색시의 마음이 굳어 버린 어느 하루 밭에 일을 하러 나갔답니다. 색시가 밭일을 하는 동안 꼬마 신랑은 집에서 놀다가 점심때가 돼서 밥을 챙겨 밭으로 갔지요. 밥을 챙겨 밭까지 온 것은 고마운데 또 지분지분 귀찮게 하는 거예요.

　"색시야, 우리 예쁜 색시야, 망초꽃 위에 올라앉은 잠자리 잡아 주."

　"색시야, 우리 예쁜 색시야, 산 밑에 열려 있는 산머루 따 주."

　"색시야, 우리 예쁜 색시야, 저 느티나무 위로 나를 올려 주."

　"색시야 우리 예쁜 색시야, 일 그만 하고 목말 태워 주."

　결국 화가 머리끝까지 난 색시는 꼬마 신랑을 다짜고짜 도랑으로 밀어 버렸지요. 그 때문에 꼬마 신랑은 도랑 흙탕물에 처박혀 온몸이 흙투성이가 되었어요. 꼬마 신랑이 터벅터벅 집 안으로 들어오는데 어머니가 보고 깜짝 놀라 물었지요.

"아니, 네 꼴이 지금 어찌해서 그리 되었느냐?"

만약에 '색시가 도랑에 밀어서 이렇게 되었어요.'라고 말하면 색시가 어떻게 되겠어요? 집안의 귀한 아들을 그렇게 만들었으니 색시는 시어머니에게 크게 혼이 나겠지요. 그런데 꼬마 신랑이 이렇게 말했어요.

"점심을 먹고 심심해서 도랑에서 붕어를 잡다 빠져서 이렇게 되었습니다."

제 색시가 어머니에게 혼이 날까 봐 걱정이 돼서 일부러 그렇게 말했지요. 그러니까 어머니께서 크게 의심을 하지 않으시고 '다음부터는 제발 조심해라.' 하고 말았어요.

그 일이 있고 나서 며칠 후에 색시가 우물에서 물을 긷고 있었지요. 그런데 어디서 또 꼬마 신랑이 짠하고 나타나서는 색시를 지분지분 조르기 시작했어요.

"색시야, 우리 예쁜 색시야, 물은 나중에 긷고 같이 땅따먹기 하자."

"색시야, 우리 예쁜 색시야, 물은 나중에 긷고 같이 구슬치기 하자."

일이 바빠 정신없던 색시는 꼬마 신랑 때문에 또 화가 머리끝까지 치솟았어요. 그래서 색시는 꼬마 신랑을 다짜고짜 소가 사는 외양간에 처넣어 버렸지요. 조금 뒤에 아버지가 밖에서 집으로 돌아와 외양간에 있는 아들을 보고 물었어요.

"아니, 네가 지금 외양간 안에서 무얼 한다고 들어가 있느냐?"

"동네 아이들이랑 놀다가 지겨워서 외양간을 고치려고 들어왔습니다."

제 색시가 야단맞을까 봐 꼬마 신랑은 이번에도 일부러 말을 지어서 둘러댔지요.

그 일이 있고 나서 며칠 뒤에 색시가 마당에서 고추를 널고 있었어요. 또 꼬마 신랑이 어디선가 짠하고 나타나서 힘들게 일하는 색시를 조르기 시작했지요.

"색시야, 우리 예쁜 색시야, 일은 그만 하고 나 업어 줘."

"색시야, 우리 예쁜 색시야, 일은 그만 하고 나 재워 줘."

하도 귀찮게 조르니 색시가 짜증이 나서 꼬마 신랑을 지붕 위에다 올려놨어요. 얼마 뒤에 어머니, 아버지가 밭일을 갔다 돌아오면서 지붕 위의 아들을 보고 물었지요.

"아니, 네가 지금 위험하게 지붕 위에 올라가서 무얼 하느냐?"

"지붕 위에 열린 박이 참 실하게 보여 박 따러 올라왔습니다."

꼬마 신랑은 이번에도 색시를 위해서 얼른 말을 꾸며 아버지 어머니께 둘러댔지요. 꼬마 신랑이지만 마음 씀씀이가 어른보다 깊은 걸 보고 색시는 감동하여 오순도순 잘 살았다는 이야기랍니다.

❖ 읽기유창성 점수: _____

▶ 사전평가와 사후평가의 지문은 학지사 홈페이지(http://www.hakjisa.co.kr)에서 내려받을 수 있습니다.

읽기이해

📖 다음 질문에 <u>최대한 자세히</u> 답을 써 주세요.

(※ 쓰는 것이 어려운 학생의 경우, 구두로 답하도록 하세요.)

1 | 이야기에 나오는 중심인물은 누구인가요? 두 사람을 써 보세요.

2 | 언제, 어디에서 있었던 일인가요?

　1) 언제:

　2) 어디서:

3 | 꼬마 신랑은 왜 부모님께 거짓말을 하였나요?

4 | 색시의 마음이 왜 굳어 버렸나요?

5 | 색시가 꼬마 신랑을 혼내 주려고 어떻게 하였나요? 색시가 한 일들을 모두 써 보세요.

6 | 옛날과 오늘날의 결혼풍습이 다른 것을 어떻게 알 수 있나요? 두 가지만 써 보세요.

7 | 이야기에 나오는 꼬마 신랑은 어떤 마음씨를 가진 사람일까요? 그것을 어떻게 알 수 있나요?

　1) 어떤 마음씨를 가진 사람일까요?

　2) 그것을 어떻게 알 수 있나요?

3. 부자 삼 형제

학◇습◇목◇표

🏫 글을 읽을 때, 적당한 부분에서 글을 빠르고 정확하게 끊어 읽을 수 있다.

🏫 글을 읽고, 글의 중심내용과 글의 주제를 파악할 수 있다.

사◇전◇평◇가

> **지시문**
>
> 앞에 있는 종이에 글이 있어요. 이제 선생님이 "시작"이라고 하면(학생용 평가지의 첫 어절을 손가락으로 가리킨 후, 계속 훑으면서) 처음부터 읽기 시작해서 "그만"이라고 할 때까지 최대한 정확하게, 그리고 최대한 빨리 읽으세요. 글을 읽다가 모르는 글자가 나오면 선생님이 어떻게 해야 할지 알려 줄게요. 최선을 다하세요. 질문 있어요? (질문이 있으면 질문에 대답한다.) 준비, 시작. (학생이 첫 어절을 말함과 동시에 타이머를 누르고 1분간 학생의 반응을 기록한 뒤 1분이 지나면 "그만"이라고 말한다.)

옛날 옛적 어느 농촌 마을에 삼 형제가 함께 살아가고 있었습니다. 삼 형제는 부모한테 물려받은 재산이 많아 그 마을에서 떵떵거리면서 살았지요. 그런데 그토록 잘 살면서도 삼 형제 모두 남을 도울 줄 몰랐답니다. 이웃집에 아무리 어려운 사람이 있어도 나 몰라라 하고 쳐다보지도 않았습니다. 그래서 마을 사람들은 삼 형제를 구두쇠라고 부르며 속으로 많이 미워했답니다.

그렇게 저희만 배부르게 살고 있는데, 하루는 맏형 집에 스님이 찾아왔습니다. 스님이 목탁을 두드리며 중얼중얼 염불을 외는데 주인은 코빼기도 안 보였지요. 동냥 온 스님에게 쌀 됫박이나 돈 몇 푼을 주기가 아까웠던 게지요. 스님이 한나절이나 목탁을 두드렸지만, 사람이 나오지 않아 어쩔 수 없이 돌아섰답니다.

　스님은 둘째 집으로 갔지만 둘째도 맏형 집과 다를 바가 없었습니다. 아무리 목탁을 치고 열심히 염불을 외도 집 안에서는 기척도 들리지 않았지요. 스님은 맏형과 둘째 네에서 허탕을 치고 마지막으로 막내 집으로 갔습니다.

　그런데 막내 집에는 어른들은 없고 대신 어린 딸아이가 하나 있었습니다. 딸은 염불 소리를 듣고 쌀 한 됫박을 퍼서 시주를 했습니다. 그랬더니 스님은 고맙다는 말은 않고 자꾸만 "허허" 하고 웃기만 했습니다. 딸은 하도 이상해서 스님에게 왜 그렇게 자꾸 웃기만 하느냐고 물었습니다.

　"저기 감나무에 앉은 참새가 하는 말이 하도 우스워서 웃음이 나오는구나. 이 동네에 살고 있는 부자 삼 형제가 걸핏하면 참새들을 쫓는다는구나. 그런데 조금 있으면 자기들도 먹지 못할 것을 참새 주기가 아까우냐고 하는구나."

　딸이 가만히 들어 보니 스님 말이 심상치 않아서 조심스럽게 스님에게 물었습니다.

　"스님께서 하신 말씀은 혹시 우리 아버지 형제분이 곧 돌아가신다는 말인지요?"

　스님이 말없이 고개만 끄덕이자 딸은 스님 바지를 붙잡고 애원을 하였습니다.

　"스님, 제발 부탁이니 우리 아버지를 살릴 수 있는 방도를 일러 주세요. 세상에 하나밖에 없는 제 아버지를 살릴 수 있다면 무엇이든 하겠습니다."

　"사람의 운명은 하늘에 달린 것이니 사람 마음대로 바꿀 수가 없구나. 하지만 삼 형제가 가진 재물을 가난한 사람들에게 나누어 준다면 혹시 모르겠구나. 그렇지만 지금처럼 계속 살게 되면 삼 형제는 죽어서 구렁이가 될 것이다."

　딸은 스님 말씀을 듣고 그 길로 첫째 큰아버지를 찾아갔습니다. 찾아가서는 스님 말씀을 전하고 재물을 풀어 가난한 사람을 도우라고 말했습니다. 하지만 욕심쟁이 큰형은 도리질만 할 뿐 눈썹 하나 까딱하지 않았습니다. 딸은 둘째 큰아버지에게도 찾아가 스님 말씀을 전했지만, 소용이 없었답니다.

　딸은 어쩔 수 없이 집으로 돌아와 아버지에게 간곡하게 하소연을 했습니다. 하지만 아버지 역시도 딸에게 화를 내며 재물을 줄 수 없다고 했지요.

　며칠 있으니 건강하게 지내던 큰형이 갑자기 쓰러져 죽었다는 소식이 전해졌습니다. 딸은 아버지에게 관 뚜껑을 느슨하게 하고 밤새 관을 지켜보라고 일렀습니다. 아버지는 큰형 집에 장사 지내러 가서는 딸이 일러 준 대로 했습니다. 밤이 깊어지니까 관 뚜껑이 들썩들썩하더니 구렁이가 밖으로 스르르 나왔답니다. 스님이 딸에게 말했던 대로 큰형이 죽어서 구렁이가 되었던 겁니다.

며칠이 또 지나자 이번에는 둘째 형이 갑자기 죽었다는 소식이 전해졌습니다. 딸은 이번에도 관 뚜껑을 느슨하게 하고 밤새 관을 지켜보라고 일렀지요. 그런데 이번에도 밤이 깊어지니까 관에서 구렁이가 스르르 기어 나왔습니다. 아버지는 둘째 형 초상을 치르고 돌아와 딸에게 모든 것을 말했습니다.

　　"아버지, 사랑하는 형님 초상을 두 번이나 치르고도 정녕코 깨닫지 못하시겠습니까? 만약 재물을 풀어 가난한 사람들을 도와주지 않는다면 이번엔 아버지 차례입니다."

　　제 눈으로 형님들이 구렁이가 되는 것을 본 아버지는 뒤늦게 정신을 차렸습니다. 곡식을 풀어 굶주린 사람들에게 나눠 주고 돈도 모두 가난한 사람들에게 나눠 주었습니다. 그리하여 이 집은 빈털터리가 되었지만 별 탈 없이 오래오래 잘 살았답니다. 비록 가진 것은 없었지만 가난한 사람들에게 재산을 나눠 준 마음만큼은 아름다웠으니까요.

❧ 읽기유창성 점수: _____

▶ 사전평가와 사후평가의 지문은 학지사 홈페이지(http://www.hakjisa.co.kr)에서 내려받을 수 있습니다.

1 단어를 빠르고 정확하게 읽기

다음 단어를 바르게 읽어 봅시다

떵떵거리면서	맏형
목탁을	됫박이나
기척도	돌아섰답니다
걸핏하면	쫓는다는구나
없는	간곡하게
초상을	굶주린

떵떵거리면서	맏형	목탁을	뒷박이나	기척도
돌아섰답니다	걸핏하면	쫓는다는구나	없는	간곡하게
초상을	굶주린	기척도	굶주린	쫓는다는구나
뒷박이나	없는	초상을	걸핏하면	떵떵거리면서
돌아섰답니다	걸핏하면	쫓는다는구나	없는	간곡하게
떵떵거리면서	뒷박이나	맏형	떵떵거리면서	목탁을
기척도	간곡하게	맏형	돌아섰답니다	목탁을
기척도	뒷박이나	걸핏하면	초상을	쫓는다는구나
간곡하게	없는	굶주린	초상을	굶주린
돌아섰답니다	걸핏하면	쫓는다는구나	없는	간곡하게
떵떵거리면서	맏형	목탁을	뒷박이나	기척도

2 어휘의 뜻 알아보기

예시문을 읽고, 내가 생각하는 단어의 뜻을 써 봅시다.

_____

올바른 단어의 뜻을 써 봅시다.

_____

정의

기척

비슷한 말

- _____
- _____
- _____

예시문 아무리 목탁을 치고 열심히 염불을 외도 집 안에서는 기척도 들리지 않았지요.

문장 만들기

비슷한 말을 넣어서 문장을 완성해 봅시다.

아무리 목탁을 치고 열심히 염불을 외도 집 안에서는 _____도 들리지 않았지요.

새로운 문장을 만들어 써 봅시다.

_____

도전문제

아무도 없는 집에 갑자기 사람의 기척이 나면 어떤 기분이 드나요?

_____

_____

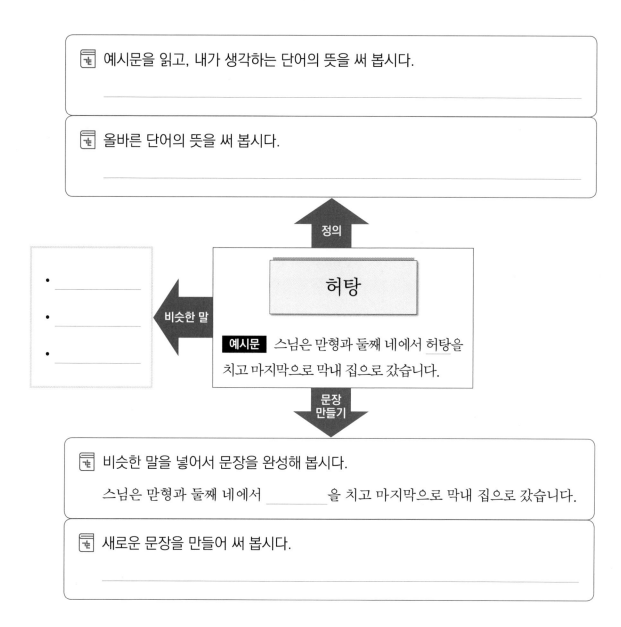

📖 예시문을 읽고, 내가 생각하는 단어의 뜻을 써 봅시다.

_____

📖 올바른 단어의 뜻을 써 봅시다.

_____

정의

허탕

예시문 스님은 맏형과 둘째 네에서 허탕을 치고 마지막으로 막내 집으로 갔습니다.

비슷한 말

- _____
- _____
- _____

문장 만들기

📖 비슷한 말을 넣어서 문장을 완성해 봅시다.

스님은 맏형과 둘째 네에서 _____을 치고 마지막으로 막내 집으로 갔습니다.

📖 새로운 문장을 만들어 써 봅시다.

_____

도전문제

허탕을 친 경험을 한 적이 있나요?

_____

_____

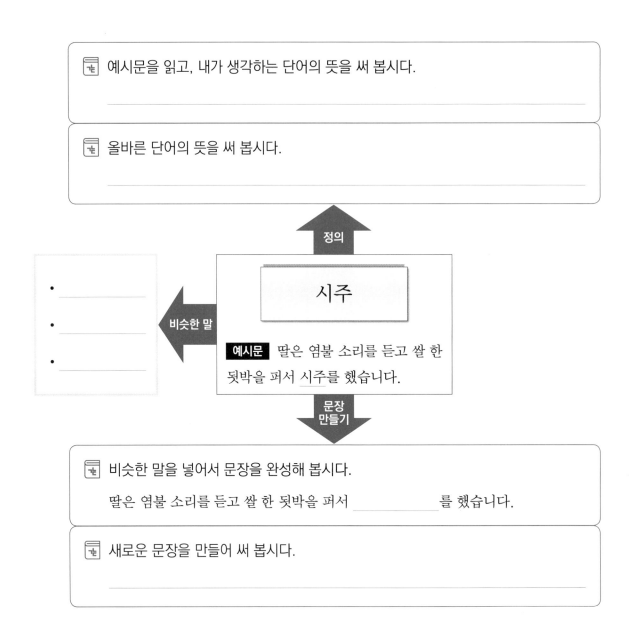

예시문을 읽고, 내가 생각하는 단어의 뜻을 써 봅시다.

올바른 단어의 뜻을 써 봅시다.

정의

시주

비슷한 말

예시문 딸은 염불 소리를 듣고 쌀 한 됫박을 퍼서 시주를 했습니다.

문장 만들기

비슷한 말을 넣어서 문장을 완성해 봅시다.

딸은 염불 소리를 듣고 쌀 한 됫박을 퍼서 _____를 했습니다.

새로운 문장을 만들어 써 봅시다.

도전문제

스님에게 주로 무엇을 시주하나요?

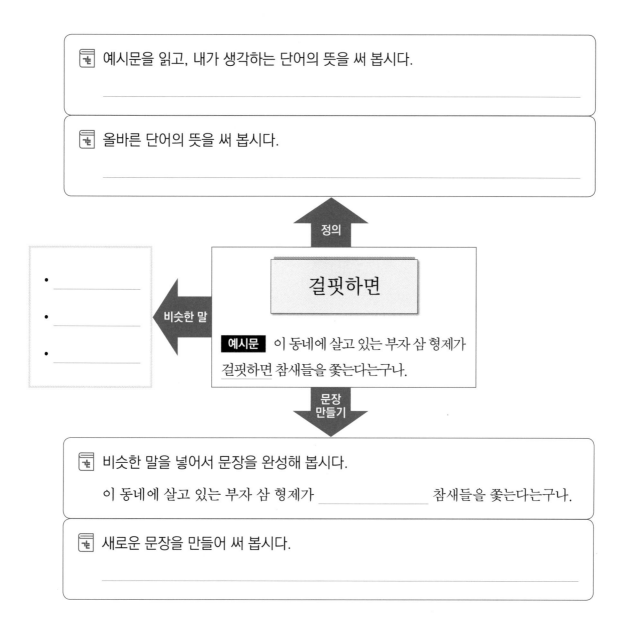

📖 예시문을 읽고, 내가 생각하는 단어의 뜻을 써 봅시다.

_____

📖 올바른 단어의 뜻을 써 봅시다.

_____

정의

걸핏하면

비슷한 말

- _____
- _____
- _____

예시문 이 동네에 살고 있는 부자 삼 형제가 걸핏하면 참새들을 쫓는다는구나.

문장
만들기

📖 비슷한 말을 넣어서 문장을 완성해 봅시다.

이 동네에 살고 있는 부자 삼 형제가 _____ 참새들을 쫓는다는구나.

📖 새로운 문장을 만들어 써 봅시다.

_____

도전문제

누군가가 걸핏하면 화를 낸다면, 어떤 기분이 들까요?

_____

_____

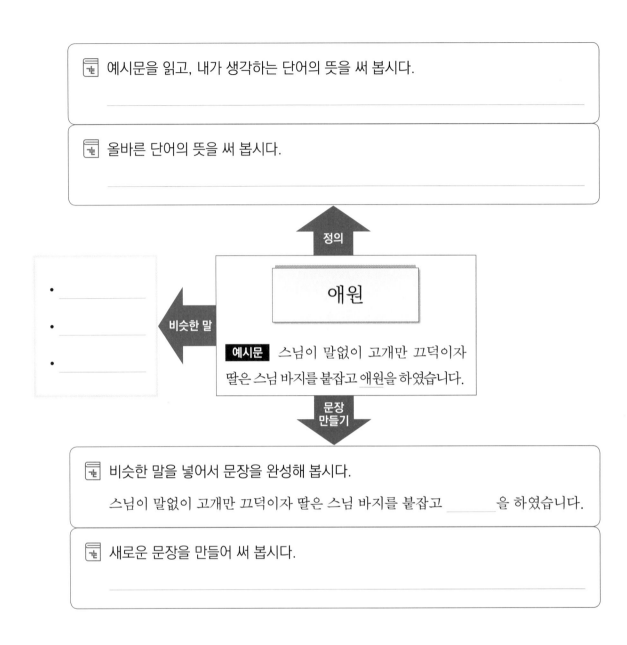

📋 예시문을 읽고, 내가 생각하는 단어의 뜻을 써 봅시다.

_____

📋 올바른 단어의 뜻을 써 봅시다.

_____

정의

애원

예시문 스님이 말없이 고개만 끄덕이자
딸은 스님 바지를 붙잡고 애원을 하였습니다.

비슷한 말

- _____
- _____
- _____

문장
만들기

📋 비슷한 말을 넣어서 문장을 완성해 봅시다.

스님이 말없이 고개만 끄덕이자 딸은 스님 바지를 붙잡고 _____ 을 하였습니다.

📋 새로운 문장을 만들어 써 봅시다.

_____

도전문제

무언가를 애원해 본 적이 있나요?

_____

_____

📖 예시문을 읽고, 내가 생각하는 단어의 뜻을 써 봅시다.

_____

📖 올바른 단어의 뜻을 써 봅시다.

_____

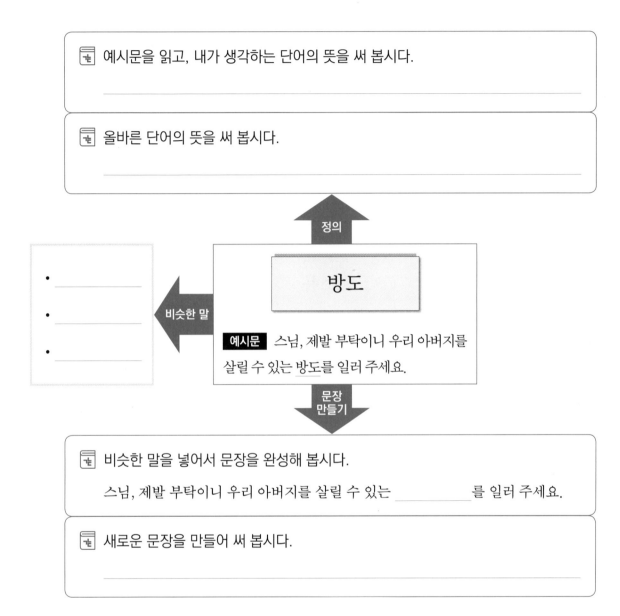

정의

방도

비슷한 말

- _____
- _____
- _____

예시문 스님, 제발 부탁이니 우리 아버지를 살릴 수 있는 방도를 일러 주세요.

문장 만들기

📖 비슷한 말을 넣어서 문장을 완성해 봅시다.

스님, 제발 부탁이니 우리 아버지를 살릴 수 있는 _____를 일러 주세요.

📖 새로운 문장을 만들어 써 봅시다.

_____

도전문제

건강하게 오래 사는 방도에는 어떤 것들이 있나요?

_____

_____

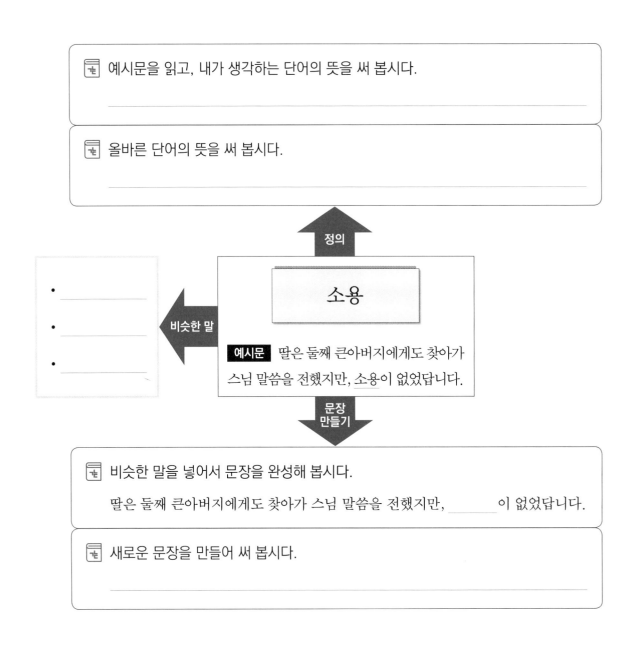

📖 예시문을 읽고, 내가 생각하는 단어의 뜻을 써 봅시다.

_____

📖 올바른 단어의 뜻을 써 봅시다.

_____

정의

소용

비슷한 말

- _____
- _____
- _____

예시문 딸은 둘째 큰아버지에게도 찾아가 스님 말씀을 전했지만, 소용이 없었답니다.

문장 만들기

📖 비슷한 말을 넣어서 문장을 완성해 봅시다.

딸은 둘째 큰아버지에게도 찾아가 스님 말씀을 전했지만, _____ 이 없었답니다.

📖 새로운 문장을 만들어 써 봅시다.

_____

도전문제

무언가를 열심히 노력했는데, 노력한 일이 아무 소용 없어진 적이 있나요?
왜 아무 소용이 없어졌나요?

_____
_____

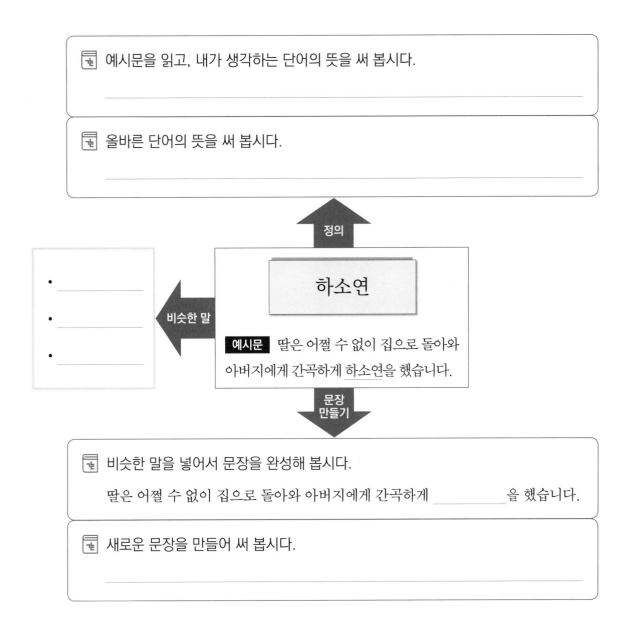

📖 예시문을 읽고, 내가 생각하는 단어의 뜻을 써 봅시다.

_____

📖 올바른 단어의 뜻을 써 봅시다.

_____

정의

하소연

비슷한 말

- _____
- _____
- _____

예시문 딸은 어쩔 수 없이 집으로 돌아와
아버지에게 간곡하게 하소연을 했습니다.

문장
만들기

📖 비슷한 말을 넣어서 문장을 완성해 봅시다.

딸은 어쩔 수 없이 집으로 돌아와 아버지에게 간곡하게 _____을 했습니다.

📖 새로운 문장을 만들어 써 봅시다.

_____

도전문제

하소연은 언제 하나요?

_____

_____

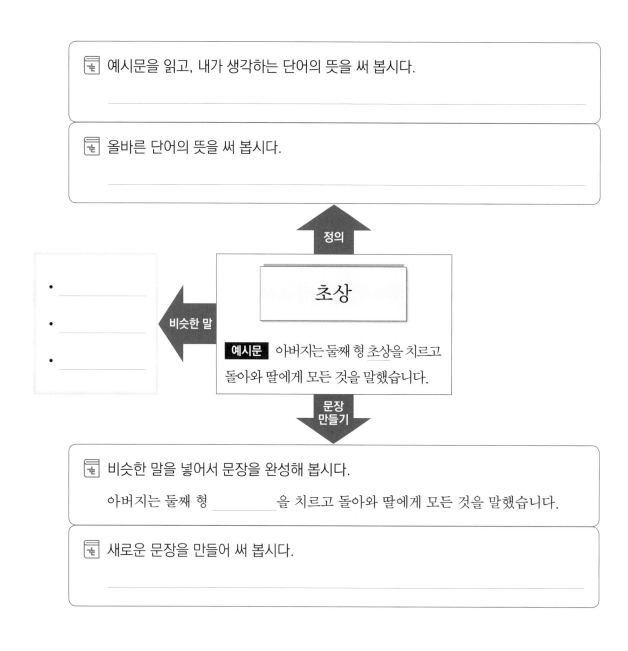

📖 예시문을 읽고, 내가 생각하는 단어의 뜻을 써 봅시다.

_____

📖 올바른 단어의 뜻을 써 봅시다.

_____

정의

초상

예시문 아버지는 둘째 형 초상을 치르고 돌아와 딸에게 모든 것을 말했습니다.

비슷한 말

- _____
- _____
- _____

문장
만들기

📖 비슷한 말을 넣어서 문장을 완성해 봅시다.

아버지는 둘째 형 _____ 을 치르고 돌아와 딸에게 모든 것을 말했습니다.

📖 새로운 문장을 만들어 써 봅시다.

_____

도전문제

'초상을 치른다'는 말은 무슨 말인가요?

_____

_____

다음 보기의 단어 중, 문장에 알맞은 단어를 써 봅시다.

보기

애원, 초상, 방도, 기척, 허탕, 걸핏하면, 시주, 소용

1 아이들은 고기를 잡으러 갔다가 _____하고 돌아왔다.

2 그는 엎드려 두 손을 비비며 살려 달라고 _____을 하였다.

3 모두 다 지나간 일인데 그런 말을 해 보아야 무슨 _____이 있겠니?

4 민지는 _____ 내게 시비를 건다.

5 아무런 _____도 없는 걸 보니 집에 사람이 없는 것 같다.

6 아무리 생각을 계속해 봐도 부모님을 이해시킬 _____가 없다.

7 옆 마을 _____집은 문상객으로 가득했다.

8 가난한 살림에도 불구하고 노부부는 스님에게 쌀 한 되를 _____하였다.

3 어구를 빠르고 정확하게 읽기

다음 어구를 바르게 읽어 봅시다

삼 형제를 구두쇠라고 부르며

왜 그렇게 자꾸 웃기만 하느냐고

어쩔 수 없이

쓰러져 죽였다는 소식이

사랑하는 형님 초상을 두 번이나 치르고도

형님들이 구렁이가 되는 것을 본

어쩔 수 없이 돌아섰답니다

지금처럼 계속 살게 되면

둘째 형 초상을 치르고 돌아와

별 탈 없이

재산을 나눠 준 마음만큼은

아무리 어려운 사람이 있어도

다를 바가 없었습니다

도리질만 할 뿐

제물을 줄 수 없다고 했지요

딸에게 말했던 대로

가난한 사람들을 도와주지 않는다면

쌀 됫박이나 돈 몇 푼을 주기가

사람 마음대로 바꿀 수가 없구나

장사 지내러 가서는

만약 제물을 풀어

비록 가진 것은 없었지만

▷ 이 페이지의 내용은 복사하거나 학지사 홈페이지(http://www.hakjisa.co.kr)에서 내려받아 사용하세요!

다음 어구/절들을 빠르고 정확하게 읽어 봅시다

첫째 줄

- 다름 바가 없었습니다
- 어쩔 수 없이
- 딸에게 말했던 대로
- 형님들이 구렁이가 되는 것을 본
- 사람 마음대로 바꿀 수가 없구나
- 둘째 형 조상을 치르고 돌아와
- 비록 가진 것은 없었지만
- 만약 재물을 풀어
- 재산을 나눠 준 마음만큼은
- 아무리 어려운 사람이 있어도
- 왜 그렇게 자꾸 웃기만 하느냐고
- 제물을 줄 수 없다고 했지요
- 왜 그렇게 자꾸 웃기만 하느냐고
- 제물을 줄 수 없다고 했지요
- 사랑하는 형님 조상을 두 번이나 치르고도
- 쌀 됫박이나 돈 몇 푼을 주기가
- 지금처럼 계속 살게 되면
- 만약 재물을 풀어
- 재산을 나눠 준 마음만큼은

둘째 줄

- 삼 형제를 구두쇠라고 부르며
- 도리집만 할 뿐
- 쓰러져 죽었다는 소식이
- 가난한 사람들을 도와주지 않는다면
- 어쩔 수 없이 돌아오셨답니다
- 장사 지내러 가서는
- 별 탈 없이
- 왜 그렇게 자꾸 웃기만 하느냐고
- 제물을 줄 수 없다고 했지요
- 형님들이 구렁이가 되는 것을 본
- 사람 마음대로 바꿀 수가 없구나
- 둘째 형 조상을 치르고 돌아와
- 비록 가진 것은 없었지만
- 어쩔 수 없이
- 딸에게 말했던 대로
- 형님들이 구렁이가 되는 것을 본
- 사람 마음대로 바꿀 수가 없구나
- 둘째 형 조상을 치르고 돌아와
- 비록 가진 것은 없었지만

셋째 줄

- 아무리 어려운 사람이 있어도
- 왜 그렇게 자꾸 웃기만 하느냐고
- 제물을 줄 수 없다고 했지요
- 사랑하는 형님 조상을 두 번이나 치르고도
- 쌀 됫박이나 돈 몇 푼을 주기가
- 지금처럼 계속 살게 되면
- 만약 재물을 풀어
- 재산을 나눠 준 마음만큼은
- 둘째 형 조상을 치르고 돌아와
- 어쩔 수 없이 돌아오셨답니다
- 장사 지내러 가서는
- 별 탈 없이
- 다름 바가 없었습니다
- 도리집만 할 뿐
- 쓰러져 죽었다는 소식이
- 가난한 사람들을 도와주지 않는다면
- 어쩔 수 없이 돌아오셨답니다
- 장사 지내러 가서는
- 별 탈 없이

▶ 이 페이지의 내용은 복사하거나 학지사 홈페이지(http://www.hakjisa.co.kr)에서 내려받아 사용하세요!

다음 글을 / 표시된 곳에서 끊어 읽어 봅시다. 읽을 때 빠르고 정확하게 읽도록 합시다

옛날 옛적 / 어느 농촌 마을에 / 삼 형제가 / 함께 살아가고 있었습니다. / 삼 형제는 / 부모한테 물려받은 재산이 많아 / 그 마을에서 / 떵떵거리면서 살았지요. / 그런데 / 그토록 잘 살면서도 / 삼 형제 모두 / 남을 도울 줄 몰랐답니다. / 이웃집에 / 아무리 어려운 사람이 있어도 / 나 몰라라 하고 / 쳐다보지도 않았습니다. / 그래서 / 마을 사람들은 / 삼 형제를 구두쇠라고 부르며 / 속으로 많이 미워했답니다. /

그렇게 / 저희만 / 배부르게 살고 있는데, / 하루는 / 맏형 집에 / 스님이 / 찾아왔습니다. / 스님이 / 목탁을 두드리며 / 중얼중얼 염불을 외는데 /주인은 / 코빼기도 안 보였지요. / 동냥 온 스님에게 / 쌀 됫박이나 돈 몇 푼을 주기가 / 아까웠던 게지요. / 스님이 / 한나절이나 목탁을 두드렸지만, / 사람이 나오지 않아 / 어쩔 수 없이 돌아섰답니다. /

스님은 / 둘째 집으로 갔지만 / 둘째도 / 맏형 집과 / 다를 바가 없었습니다. / 아무리 목탁을 치고 / 열심히 염불을 외도 / 집 안에서는 / 기척도 / 들리지 않았지요. / 스님은 / 맏형과 둘째 네에서 / 허탕을 치고 / 마지막으로 / 막내 집으로 갔습니다. /

그런데 / 막내 집에는 / 어른들은 없고 / 대신 / 어린 딸아이가 / 하나 있었습니다. / 딸은 / 염불 소리를 듣고 / 쌀 한 됫박을 퍼서 / 시주를 했습니다. / 그랬더니 / 스님은 / 고맙다는 말은 않고 / 자꾸만 "허허" 하고 웃기만 했습니다. / 딸은 / 하도 이상해서 / 스님에게 / 왜 그렇게 자꾸 웃기만 하느냐고 / 물었습니다. /

"저기 / 감나무에 앉은 참새가 하는 말이 / 하도 우스워서 / 웃음이 나오는구나. / 이 동네에 살고 있는 부자 삼 형제가 / 걸핏하면 / 참새들을 쫓는다는구나. / 그런데 / 조금 있으면 / 자기들도 먹지 못할 것을 / 참새 주기가 / 아까우냐고 하는구나." /

딸이 가만히 들어 보니 / 스님 말이 심상치 않아서 / 조심스럽게 스님에게 물었습니다. /
"스님께서 하신 말씀은 / 혹시 / 우리 아버지 형제분이 / 곧 돌아가신다는 말인지요?" /
스님이 말없이 고개만 끄덕이자 / 딸은 / 스님 바지를 붙잡고 / 애원을 하였습니다. /
"스님, / 제발 부탁이니 / 우리 아버지를 살릴 수 있는 방도를 / 일러 주세요. / 세상에 하나밖에 없는 제 아버지를 / 살릴 수 있다면 / 무엇이든 하겠습니다." /

"사람의 운명은 / 하늘에 달린 것이니 / 사람 마음대로 바꿀 수가 없구나. / 하지만 / 삼형제가 가진 재물을 / 가난한 사람들에게 나누어 준다면 / 혹시 모르겠구나. / 그렇지만 / 지금처럼 계속 살게 되면 / 삼 형제는 / 죽어서 / 구렁이가 될 것이다." /

딸은 / 스님 말씀을 듣고 / 그 길로 / 첫째 큰아버지를 찾아갔습니다. / 찾아가서는 / 스님 말씀을 전하고 / 재물을 풀어 / 가난한 사람을 도우라고 말했습니다. / 하지만 / 욕심쟁이 큰형은 / 도리질만 할 뿐 / 눈썹 하나 까딱하지 않았습니다. / 딸은 / 둘째 큰아버지에게도 찾아가 / 스님 말씀을 전했지만, / 소용이 / 없었답니다. /

딸은 / 어쩔 수 없이 / 집으로 돌아와 / 아버지에게 / 간곡하게 하소연을 했습니다. / 하지만 / 아버지 역시도 / 딸에게 / 화를 내며 / 재물을 줄 수 없다고 했지요. /

며칠 있으니 / 건강하게 지내던 큰형이 / 갑자기 / 쓰러져 죽었다는 소식이/전해졌습니다. / 딸은 / 아버지에게 / 관 뚜껑을 느슨하게 하고 / 밤새 / 관을 지켜보라고 일렀습니다. / 아버지는 / 큰형 집에 / 장사 지내러 가서는 / 딸이 일러 준 대로 했습니다. / 밤이 깊어지니까 / 관 뚜껑이 / 들썩들썩하더니 / 구렁이가 / 밖으로 / 스르르 나왔답니다. / 스님이 딸에게 말했던 대로 / 큰형이 죽어서 / 구렁이가 되었던 겁니다. /

며칠이 또 지나자 / 이번에는 / 둘째 형이 / 갑자기 / 죽었다는 소식이 / 전해졌습니다. / 딸은 / 이번에도 / 관뚜껑을 느슨하게 하고 / 밤새 / 관을 지켜보라고 일렀지요. / 그런데 / 이번에도 / 밤이 깊어지니까 / 관에서 / 구렁이가 / 스르르 기어 나왔습니다. / 아버지는 / 둘째 형 초상을 치르고 돌아와 / 딸에게 / 모든 것을 말했습니다. /

"아버지, / 사랑하는 형님 초상을 / 두 번이나 치르고도 / 정녕코 / 깨닫지 못하시겠습니까? / 만약 재물을 풀어 / 가난한 사람들을 도와주지 않는다면 / 이번엔 / 아버지 차례입니다." /

제 눈으로 / 형님들이 구렁이가 되는 것을 본 아버지는 / 뒤늦게 / 정신을 차렸습니다. / 곡식을 풀어 / 굶주린 사람들에게 나눠 주고 / 돈도 / 모두 / 가난한 사람들에게 나눠 주었습니다. / 그리하여 / 이 집은 / 빈털터리가 되었지만 / 별 탈 없이 / 오래오래 잘 살았답니다. / 비록 가진 것은 없었지만 / 가난한 사람들에게 / 재산을 나눠 준 마음만큼은 / 아름다웠으니까요. /

6 이야기 지도 사용하여 글 읽고 이해하기: 인물, 시장, 사건, 끝을 기억하며 글의 내용 파악하기

'이야기 지도(인물, 시장, 사건, 끝)'를 사용하여 글의 내용을 파악해 봅시다

부자 삼 형제

옛날 옛적 어느 농촌 마을에 삼 형제가 함께 살아가고 있었습니다. 삼 형제는 부모한테 물려받은 재산이 많아 그 마을에서 떵떵거리면서 살았지요. 그런데 그토록 잘 살면서도 삼 형제 모두 남을 도울 줄 몰랐답니다. 이웃집에 아무리 어려운 사람이 있어도 나 몰라라 하고 쳐다보지도 않았습니다. 그래서 마을 사람들은 삼 형제를 구두쇠라고 부르며 속으로 많이 미워했답니다.

그렇게 저희만 배부르게 살고 있는데, 하루는 맏형 집에 스님이 찾아왔습니다. 스님이 목탁을 두드리며 중얼중얼 염불을 외는데 주인은 코빼기도 안 보였지요. 동냥 온 스님에게 쌀 됫박이나 돈 몇 푼을 주기가 아까웠던 게지요. 스님이 한나절이나 목탁을 두드렸지만, 사람이 나오지 않아 어쩔 수 없이 돌아섰답니다.

스님은 둘째 집으로 갔지만 둘째도 맏형 집과 다를 바가 없었습니다. 아무리 목탁을 치고 열심히 염불을 외도 집 안에서는 기척도 들리지 않았지요. 스님은 맏형과 둘째 네에서 허탕을 치고 마지막으로 막내 집으로 갔습니다.

그런데 막내 집에는 어른들은 없고 대신 어린 딸아이가 하나 있었습니다. 딸은 염불 소리를 듣고 쌀 한 됫박을 퍼서 시주를 했습니다. 그랬더니 스님은 고맙다는 말은 않고 자꾸만 "허허" 하고 웃기만 했습니다. 딸은 하도 이상해서 스님에게 왜 그렇게 자꾸 웃기만 하느냐고 물었습니다.

"저기 감나무에 앉은 참새가 하는 말이 하도 우스워서 웃음이 나오는구나. 이 동네에 살고 있는 부자 삼 형제가 걸핏하면 참새들을 쫓는다는구나. 그런데 조금 있으면 자기

들도 먹지 못할 것을 참새 주기가 아까우냐고 하는구나."

딸이 가만히 들어 보니 스님 말이 심상치 않아서 조심스럽게 스님에게 물었습니다.

"스님께서 하신 말씀은 혹시 우리 아버지 형제분이 곧 돌아가신다는 말인지요?"

스님이 말없이 고개만 끄덕이자 딸은 스님 바지를 붙잡고 애원을 하였습니다.

"스님, 제발 부탁이니 우리 아버지를 살릴 수 있는 방도를 일러 주세요. 세상에 하나밖에 없는 제 아버지를 살릴 수 있다면 무엇이든 하겠습니다."

"사람의 운명은 하늘에 달린 것이니 사람 마음대로 바꿀 수가 없구나. 하지만 삼 형제가 가진 재물을 가난한 사람들에게 나누어 준다면 혹시 모르겠구나. 그렇지만 지금처럼 계속 살게 되면 삼 형제는 죽어서 구렁이가 될 것이다."

딸은 스님 말씀을 듣고 그 길로 첫째 큰아버지를 찾아갔습니다. 찾아가서는 스님 말씀을 전하고 재물을 풀어 가난한 사람을 도우라고 말했습니다. 하지만 욕심쟁이 큰형은 도리질만 할 뿐 눈썹 하나 까딱하지 않았습니다. 딸은 둘째 큰아버지에게도 찾아가 스님 말씀을 전했지만, 소용이 없었답니다.

딸은 어쩔 수 없이 집으로 돌아와 아버지에게 간곡하게 하소연을 했습니다. 하지만 아버지 역시도 딸에게 화를 내며 재물을 줄 수 없다고 했지요.

며칠 있으니 건강하게 지내던 큰형이 갑자기 쓰러져 죽었다는 소식이 전해졌습니다. 딸은 아버지에게 관 뚜껑을 느슨하게 하고 밤새 관을 지켜보라고 일렀습니다. 아버지는 큰형 집에 장사 지내러 가서는 딸이 일러 준 대로 했습니다. 밤이 깊어지니까 관 뚜껑이 들썩들썩하더니 구렁이가 밖으로 스르르 나왔답니다. 스님이 딸에게 말했던 대로 큰형이 죽어서 구렁이가 되었던 겁니다.

며칠이 또 지나자 이번에는 둘째 형이 갑자기 죽었다는 소식이 전해졌습니다. 딸은 이번에도 관 뚜껑을 느슨하게 하고 밤새 관을 지켜보라고 일렀지요. 그런데 이번에도 밤이 깊어지니까 관에서 구렁이가 스르르 기어 나왔습니다. 아버지는 둘째 형 초상을 치르고 돌아와 딸에게 모든 것을 말했습니다.

"아버지, 사랑하는 형님 초상을 두 번이나 치르고도 정녕코 깨닫지 못하시겠습니까? 만약 재물을 풀어 가난한 사람들을 도와주지 않는다면 이번엔 아버지 차례입니다."

제 눈으로 형님들이 구렁이가 되는 것을 본 아버지는 뒤늦게 정신을 차렸습니다. 곡식을 풀어 굶주린 사람들에게 나눠 주고 돈도 모두 가난한 사람들에게 나눠 주었습니다. 그리하여 이 집은 빈털터리가 되었지만 별 탈 없이 오래오래 잘 살았답니다. 비록 가진 것은 없었지만 가난한 사람들에게 재산을 나눠 준 마음만큼은 아름다웠으니까요.

제목: 부자 삼 형제

1 | **인물** | 이야기에 등장하는 인물은 누구인가요?

2 | **시간과 장소** | 언제, 어디에서 일어난 이야기인가요?

시간:

장소:

3 | **사건들** | 인물에게 어떤 일들이 일어났나요? 일이 어떠한 차례로 일어났나요?

4 | **끝** | 이야기가 어떻게 끝났나요?

7 글의 주제 알기

글의 주제를 알아봅시다

　글의 주제는 글쓴이가 읽는 이에게 말하고자 하는 생각 또는 의견입니다. 글의 주제는 '~하자. 해야 한다' 또는 '~하지 말자. 하지 말아야 한다'로 만들 수 있습니다.

'부자 삼 형제'를 읽고, 글의 주제를 써 봅시다.

_____

_____

_____

읽기유창성

지시문

앞에 있는 종이에 글이 있어요. 이제 선생님이 "시작"이라고 하면(학생용 평가지의 첫 어절을 손가락으로 가리킨 후, 계속 훑으면서) 처음부터 읽기 시작해서 "그만"이라고 할 때까지 최대한 정확하게, 그리고 최대한 빨리 읽으세요. 글을 읽다가 모르는 글자가 나오면 선생님이 어떻게 해야 할지 알려 줄게요. 최선을 다하세요. 질문 있어요? (질문이 있으면 질문에 대답한다.) 준비, 시작. (학생이 첫 어절을 말함과 동시에 타이머를 누르고 1분간 학생의 반응을 기록한 뒤 1분이 지나면 "그만"이라고 말한다.)

옛날 옛적 어느 농촌 마을에 삼 형제가 함께 살아가고 있었습니다. 삼 형제는 부모한테 물려받은 재산이 많아 그 마을에서 떵떵거리면서 살았지요. 그런데 그토록 잘 살면서도 삼 형제 모두 남을 도울 줄 몰랐답니다. 이웃집에 아무리 어려운 사람이 있어도 나 몰라라 하고 쳐다보지도 않았습니다. 그래서 마을 사람들은 삼 형제를 구두쇠라고 부르며 속으로 많이 미워했답니다.

그렇게 저희만 배부르게 살고 있는데, 하루는 맏형 집에 스님이 찾아왔습니다. 스님이 목탁을 두드리며 중얼중얼 염불을 외는데 주인은 코빼기도 안 보였지요. 동냥 온 스님에게 쌀 됫박이나 돈 몇 푼을 주기가 아까웠던 게지요. 스님이 한나절이나 목탁을 두드렸지만, 사람이 나오지 않아 어쩔 수 없이 돌아섰답니다.

스님은 둘째 집으로 갔지만 둘째도 맏형 집과 다를 바가 없었습니다. 아무리 목탁을 치고 열심히 염불을 외도 집 안에서는 기척도 들리지 않았지요. 스님은 맏형과 둘째 네에서 허탕을 치고 마지막으로 막내 집으로 갔습니다.

그런데 막내 집에는 어른들은 없고 대신 어린 딸아이가 하나 있었습니다. 딸은 염불 소리를 듣고 쌀 한 됫박을 퍼서 시주를 했습니다. 그랬더니 스님은 고맙다는 말은 않고 자꾸만 "허허" 하고 웃기만 했습니다. 딸은 하도 이상해서 스님에게 왜 그렇게 자꾸 웃기만 하느냐고 물었습니다.

"저기 감나무에 앉은 참새가 하는 말이 하도 우스워서 웃음이 나오는구나. 이 동네에 살고 있는 부자 삼 형제가 걸핏하면 참새들을 쫓는다는구나. 그런데 조금 있으면 자기들도 먹지 못할 것을 참새 주기가 아까우냐고 하는구나."

딸이 가만히 들어 보니 스님 말이 심상치 않아서 조심스럽게 스님에게 물었습니다.

"스님께서 하신 말씀은 혹시 우리 아버지 형제분이 곧 돌아가신다는 말인지요?"

스님이 말없이 고개만 끄덕이자 딸은 스님 바지를 붙잡고 애원을 하였습니다.

"스님, 제발 부탁이니 우리 아버지를 살릴 수 있는 방도를 일러 주세요. 세상에 하나밖에 없는 제 아버지를 살릴 수 있다면 무엇이든 하겠습니다."

"사람의 운명은 하늘에 달린 것이니 사람 마음대로 바꿀 수가 없구나. 하지만 삼 형제가 가진 재물을 가난한 사람들에게 나누어 준다면 혹시 모르겠구나. 그렇지만 지금처럼 계속 살게 되면 삼 형제는 죽어서 구렁이가 될 것이다."

딸은 스님 말씀을 듣고 그 길로 첫째 큰아버지를 찾아갔습니다. 찾아가서는 스님 말씀을 전하고 재물을 풀어 가난한 사람을 도우라고 말했습니다. 하지만 욕심쟁이 큰형은 도리질만 할 뿐 눈썹 하나 까딱하지 않았습니다. 딸은 둘째 큰아버지에게도 찾아가 스님 말씀을 전했지만, 소용이 없었답니다.

딸은 어쩔 수 없이 집으로 돌아와 아버지에게 간곡하게 하소연을 했습니다. 하지만 아버지 역시도 딸에게 화를 내며 재물을 줄 수 없다고 했지요.

며칠 있으니 건강하게 지내던 큰형이 갑자기 쓰러져 죽었다는 소식이 전해졌습니다. 딸은 아버지에게 관 뚜껑을 느슨하게 하고 밤새 관을 지켜보라고 일렀습니다. 아버지는 큰형 집에 장사 지내러 가서는 딸이 일러 준 대로 했습니다. 밤이 깊어지니까 관 뚜껑이 들썩들썩하더니 구렁이가 밖으로 스르르 나왔답니다. 스님이 딸에게 말했던 대로 큰형이 죽어서 구렁이가 되었던 겁니다.

며칠이 또 지나자 이번에는 둘째 형이 갑자기 죽었다는 소식이 전해졌습니다. 딸은 이번에도 관 뚜껑을 느슨하게 하고 밤새 관을 지켜보라고 일렀지요. 그런데 이번에도 밤이 깊어지니까 관에서 구렁이가 스르르 기어 나왔습니다. 아버지는 둘째 형 초상을 치르고 돌아와 딸에게 모든 것을 말했습니다.

"아버지, 사랑하는 형님 초상을 두 번이나 치르고도 정녕코 깨닫지 못하시겠습니까? 만약 재물을 풀어 가난한 사람들을 도와주지 않는다면 이번엔 아버지 차례입니다."

제 눈으로 형님들이 구렁이가 되는 것을 본 아버지는 뒤늦게 정신을 차렸습니다. 곡식을 풀어 굶주린 사람들에게 나눠 주고 돈도 모두 가난한 사람들에게 나눠 주었습니다. 그리하여 이 집은 빈털터리가 되었지만 별 탈 없이 오래오래 잘 살았답니다. 비록 가진 것은 없었지만 가난한 사람들에게 재산을 나눠 준 마음만큼은 아름다웠으니까요.

❧ 읽기유창성 점수: _____

▶ 사전평가와 사후평가의 지문은 학지사 홈페이지(http://www.hakjisa.co.kr)에서 내려받을 수 있습니다.

읽기이해

다음 질문에 최대한 자세히 답을 써 주세요.
(※ 쓰는 것이 어려운 학생의 경우, 구두로 답하도록 하세요.)

1 이야기에 나오는 등장인물은 누구인가요? 모두 써 보세요.

2 언제, 어디에서 있었던 일인가요?

1) 언제:

2) 어디서:

3 마을 사람들은 삼 형제를 왜 미워했나요?

4 스님이 어떻게 하면 삼 형제가 살 수 있다고 하였나요?

5 형들의 관에서 어떤 일이 일어났나요?

6 딸의 아버지가 재물을 나누어 준 까닭은 무엇일까요?

7 우리도 딸의 아버지처럼 오래 살려면 어떻게 해야 할까요? 그것을 어떻게 알 수 있는지 글에서 찾아 써 보세요.

1) 어떻게 해야 할까요?

2) 그것을 어떻게 알 수 있나요?

4. 술을 마시면 주정을 부리는 까닭

학◇습◇목◇표

🏫 글을 읽을 때, 적당한 부분에서 글을 빠르고 정확하게 끊어 읽을 수 있다.

🏫 글을 읽고, 글의 중심내용과 글의 주제를 파악할 수 있다.

사◇전◇평◇가

지시문

앞에 있는 종이에 글이 있어요. 이제 선생님이 "시작"이라고 하면(학생용 평가지의 첫 어절을 손가락으로 가리킨 후, 계속 훑으면서) 처음부터 읽기 시작해서 "그만"이라고 할 때까지 최대한 정확하게, 그리고 최대한 빨리 읽으세요. 글을 읽다가 모르는 글자가 나오면 선생님이 어떻게 해야 할지 알려 줄게요. 최선을 다하세요. 질문 있어요? (질문이 있으면 질문에 대답한다.) 준비, 시작. (학생이 첫 어절을 말함과 동시에 타이머를 누르고 1분간 학생의 반응을 기록한 뒤 1분이 지나면 "그만"이라고 말한다.)

옛날 옛날 아주 오랜 옛날에는 이 세상에 술이라는 게 없었답니다. 그런데 효성스러운 총각에 얽힌 사연 때문에 술이라는 게 세상에 생겼답니다. 그 사연 속에는 술을 많이 마시면 술주정을 부리는 까닭도 숨겨져 있지요.

옛날 아주 오랜 옛날에 효성스러운 한 총각이 아버지를 모시고 살았습니다. 어린 나이에 어머니를 여의고 형제도 없이 아버지와 단 둘이 살았답니다. 그런데 어느 날 갑자기 아버지가 시름시름 앓기 시작하더니 일어나지를 못했지요. 효성스러운 총각은 답답한 마음에 용하다는 의원들을 찾아다니며 약을 구했답니다. 하지만 좋다는 약을 다 썼지만 차도가 없어 속이 바짝바짝 타들어 갔답니다.

그러던 때에 강 건너 마을에 정말 용하다는 의원이 있다는 소문을 들었지요. 효성스러운 아들은 그 소문을 듣고 당장 강을 건너 의원을 찾아갔습니다. 총각이 아버지의 병세를 자세하게 이야기하자 의원이 골똘히 생각하다 조심스럽게 말했지요.

"그 병에 딱 맞는 치료약이 있기는 하지만 워낙 구하기가 어렵다네."

"저희 아버지를 살릴 수만 있다면 지옥에 가라고 해도 갈 수 있습니다요."

"시체 셋을 한꺼번에 묻고, 무덤 위에 자라는 풀을 갈아 즙을 내서 먹어야 한다네."

총각은 그날부터 시체를 찾기 위해 전국 곳곳을 헤매며 돌아다녔습니다. 그러나 사람이 죽으면 바로 무덤에 묻으니 시체를 구하기가 쉽지 않았어요. 몇 날 며칠을 헤매다 드디어 어떤 색시의 시체를 구하게 되었지요. 얌전한 색시가 죽었는데 어디 사는 누구인지 몰라 묻지 못하고 있었어요. 총각은 사정을 솔직하게 이야기하고 마을 사람들에게서 색시의 시체를 얻게 되었답니다.

색시의 시체를 짊어지고 몇 날 며칠을 가다 어느 마을에 이르렀지요. 때마침 노래하고 춤추는 광대가 죽었는데 장사를 못 지내고 있었지요. 광대는 여기저기 떠돌아다니며 노래하고 춤추다가 이 마을에서 죽었다고 했지요. 광대가 어디 사는 누구인지 아무도 몰라서 땅에 묻지 못하고 있었어요. 이번에도 총각은 아버지의 병에 대해 솔직하게 이야기하고 광대의 시체를 얻게 되었답니다. 총각은 얌전한 처녀의 시체와 춤추고 노래하는 광대의 시체를 짊어지고 떠났습니다.

총각은 또 몇 날 며칠을 헤매며 떠돌아다니다가 어느 마을에 이르렀지요. 그 마을에는 마침 미친 사람이 죽어서 장사를 못 지내고 있었답니다. 지나가던 미친 사람이 고함을 치며 닥치는 대로 물건을 부수다가 죽었지요. 지나가던 미친 사람이었으니 당연히 어디 사는 누구인지 정말 아무도 몰랐어요. 그래서 마을 사람들은 이러지도 저러지도 못하고 있다가 효성스러운 총각을 만났답니다. 효성스러운 총각은 이번에도 아버지의 병에 대해 솔직히 이야기하고 시체를 얻었지요. 이렇게 해서 총각은 의원이 말한 대로 시체 셋을 구하게 되었답니다.

총각은 집으로 돌아와 시체 셋을 양지바른 언덕에 정성스럽게 묻어 주었습니다. 그랬더니 며칠 뒤에 의원의 말처럼 무덤 위에 풀이 자라기 시작했어요. 총각은 풀이 어느 정도 자란 다음 의원의 처방대로 풀을 갈아 즙을 냈습니다. 그러고는 즙을 아버지에게 먹였더니 정말 신기하게도 씻은 듯이 병이 나았지요.

효성스러운 총각이 죽어 가던 아버지를 살렸다는 소문이 온 마을에 쫙 퍼졌습니다. 그러자 온 마을 사람들은 너도나도 그 풀을 얻어다가 집에서 길렀지요. 처음에는 총각처럼 즙을 먹었지만 나중에는 열매를 찧어 누룩을 빚어 먹었답니다. 이게 바로 요즘 사람들이 슬플 때나 즐거울 때나 먹는 술이랍니다.

술을 처음 먹을 때는 얌전한데, 이것은 얌전한 색시의 넋이 깃들어서 그렇지요. 또 술을 계속 먹으면 기분이 점점 좋아져서 노래하고 춤추게 됩니다. 이것은 노래하고 춤추다 죽은 광대의 넋이 깃들어서 그렇게 되었다고 합니다. 술을 너무 많이 먹으면 미친 사람처럼 고래고래 소리를 지르게 되지요. 이것은 고함을 치며 물건을 부수던 미친 사람의 넋이 깃들어서 그렇답니다.

🎓 읽기유창성 점수: _____

▶ 사전평가와 사후평가의 지문은 학지사 홈페이지(http://www.hakjisa.co.kr)에서 내려받을 수 있습니다.

1 단어를 빠르고 정확하게 읽기

다음 단어를 바르게 읽어 봅시다

얽힌	사연
까닭도	효성스러운
여의고	앓기
차도	골똘히
맞는	묻으니
얌전한	사정을
언게	짊어지고
장사를	처방대로
찧어	빚어
넋이	깃들어서

▶ 이 페이지의 내용은 복사하거나 학지사 홈페이지(http://www.hakjisa.co.kr)에서 내려받아 사용하세요!

얽힌	사연	까닭도	효성스러운	여의고
앓기	차도	골똘히	맞는	묻으니
얌전한	사정을	얻게	짊어지고	장사를
처방대로	찧어	빚어	넋이	깃들어서
깃들어서	짊어지고	골똘히	찧어	처방대로
장사를	맞는	얽힌	사정을	얌전한
여의고	효성스러운	사연	차도	앓기
얽힌	사연	까닭도	효성스러운	여의고
앓기	차도	골똘히	맞는	묻으니
얌전한	사정을	얻게	짊어지고	장사를
처방대로	찧어	빚어	넋이	깃들어서

2 어휘의 뜻 알아보기

다음 단어를 알아봅시다

📖 예시문을 읽고, 내가 생각하는 단어의 뜻을 써 봅시다.

_____

📖 올바른 단어의 뜻을 써 봅시다.

_____

정의

사연

예시문 효성스러운 총각에 얽힌 사연
때문에 술이라는 게 세상에 생겼답니다.

비슷한 말

- _____
- _____
- _____

문장
만들기

📖 비슷한 말을 넣어서 문장을 완성해 봅시다.

효성스러운 총각에 얽힌 _____ 때문에 술이라는 게 세상에 생겼답니다.

📖 새로운 문장을 만들어 써 봅시다.

_____

도전문제

지각을 한 적이 있나요? 지각을 한 <u>사연</u>은 무엇이었나요?

_____

_____

📖 예시문을 읽고, 내가 생각하는 단어의 뜻을 써 봅시다.

_____

📖 올바른 단어의 뜻을 써 봅시다.

_____

정의 ⬆

차도

예시문 좋다는 약을 다 썼지만 차도가 없어 속이 바짝바짝 타들어 갔답니다.

문장
만들기 ⬇

📖 새로운 문장을 만들어 써 봅시다.

_____

도전문제

'차도'가 위와 같은 뜻으로 쓰인 문장을 고르시오.

1) 이 도로는 폭이 좁아 차도와 인도의 구분이 없어 보행자들에게 위험하다.

2) 빨간불이 켜지면 차도에서 기다려야 한다.

3) 약을 먹고 나니 차도가 좀 있다.

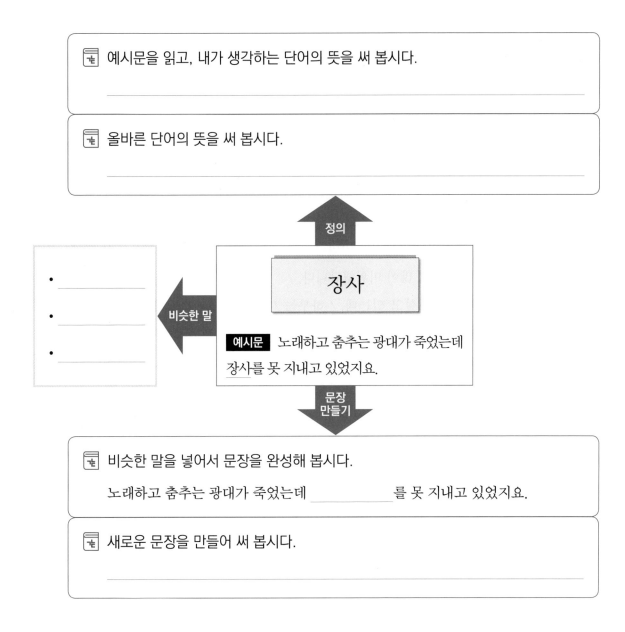

📖 예시문을 읽고, 내가 생각하는 단어의 뜻을 써 봅시다.

_____

📖 올바른 단어의 뜻을 써 봅시다.

_____

정의

장사

비슷한 말

- _____
- _____
- _____

예시문 노래하고 춤추는 광대가 죽었는데 장사를 못 지내고 있었지요.

문장 만들기

📖 비슷한 말을 넣어서 문장을 완성해 봅시다.

노래하고 춤추는 광대가 죽었는데 _____를 못 지내고 있었지요.

📖 새로운 문장을 만들어 써 봅시다.

_____

도전문제

장사는 언제 지내나요?

_____

_____

📖 예시문을 읽고, 내가 생각하는 단어의 뜻을 써 봅시다.

_____

📖 올바른 단어의 뜻을 써 봅시다.

_____

정의 ⬆

처방

예시문 총각은 풀이 어느 정도 자란 다음 의원의 처방대로 풀을 갈아 즙을 냈습니다.

⬇ 문장 만들기

📖 새로운 문장을 만들어 써 봅시다.

_____

도전문제

약을 처방받으려면 어떻게 해야 하나요?

_____

_____

📖 예시문을 읽고, 내가 생각하는 단어의 뜻을 써 봅시다.

_____

📖 올바른 단어의 뜻을 써 봅시다.

_____

정의 ⬆

효성스럽다

예시문 효성스러운 총각이 죽어 가던 아버지를 살렸다는 소문이 온 마을에 쫙 퍼졌습니다.

문장 만들기 ⬇

📖 새로운 문장을 만들어 써 봅시다.

_____

도전문제

어떤 자식을 보고 효성스러운 자식이라고 할까요?

_____

_____

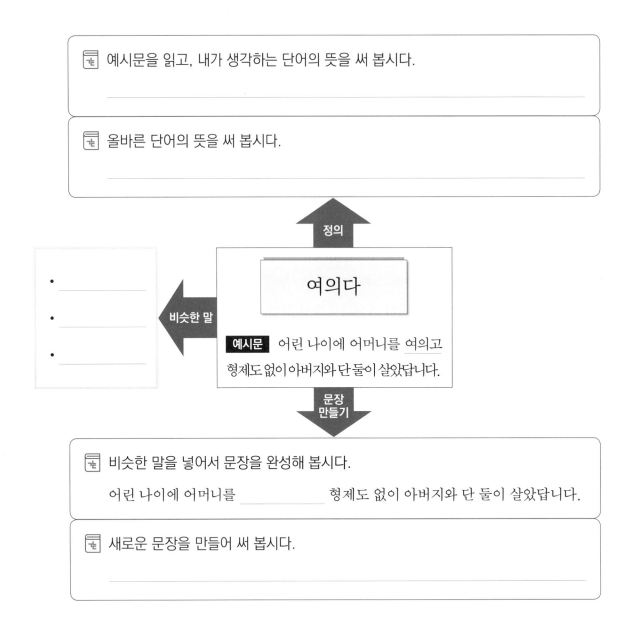

📖 예시문을 읽고, 내가 생각하는 단어의 뜻을 써 봅시다.

_____

📖 올바른 단어의 뜻을 써 봅시다.

_____

정의

여의다

비슷한 말

- _____
- _____
- _____

예시문 어린 나이에 어머니를 여의고 형제도 없이 아버지와 단 둘이 살았답니다.

문장 만들기

📖 비슷한 말을 넣어서 문장을 완성해 봅시다.

어린 나이에 어머니를 _____ 형제도 없이 아버지와 단 둘이 살았답니다.

📖 새로운 문장을 만들어 써 봅시다.

_____

도전문제

부모님을 여의면 어떤 기분일까요?

_____

_____

📝 예시문을 읽고, 내가 생각하는 단어의 뜻을 써 봅시다.

_____

📝 올바른 단어의 뜻을 써 봅시다.

_____

정의 ⬆

짊어지다

◀ 비슷한 말

예시문 색시의 시체를 짊어지고 몇 날
며칠을 가다 어느 마을에 이르렀지요.

문장
만들기 ⬇

- _____
- _____
- _____

📝 비슷한 말을 넣어서 문장을 완성해 봅시다.

색시의 시체를 _____ 몇 날 며칠을 가다 어느 마을에 이르렀지요.

📝 새로운 문장을 만들어 써 봅시다.

_____

도전문제

무거운 짐을 잘 짊어지고 가려면 어떻게 해야 하나요?

_____

_____

📑 예시문을 읽고, 내가 생각하는 단어의 뜻을 써 봅시다.

_____

📑 올바른 단어의 뜻을 써 봅시다.

_____

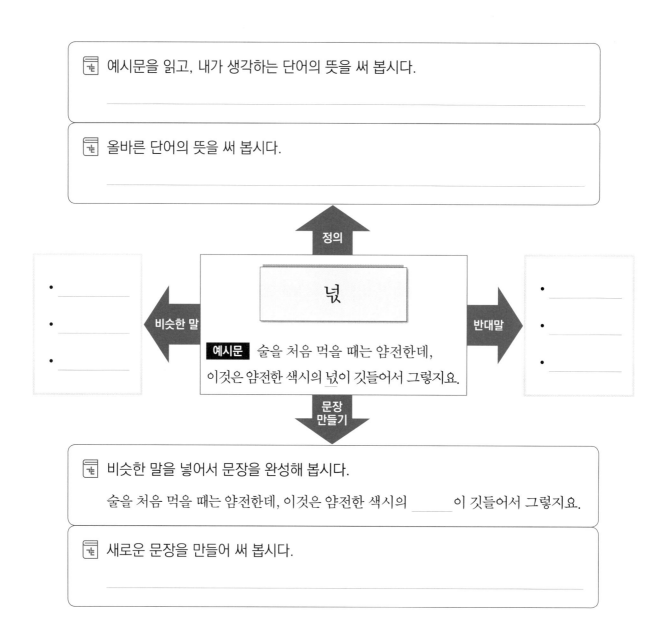

정의

넋

예시문 술을 처음 먹을 때는 얌전한데,
이것은 얌전한 색시의 넋이 깃들어서 그렇지요.

비슷한 말
- _____
- _____
- _____

반대말
- _____
- _____
- _____

문장 만들기

📑 비슷한 말을 넣어서 문장을 완성해 봅시다.

　　술을 처음 먹을 때는 얌전한데, 이것은 얌전한 색시의 _____ 이 깃들어서 그렇지요.

📑 새로운 문장을 만들어 써 봅시다.

_____

도전문제

'넋이 빠진 것 같다'라는 말은 언제 쓰나요?

_____

_____

다음 보기의 단어 중, 문장에 알맞은 단어를 써 봅시다.

보기

사연, 효성, 장사, 처방, 차도, 넋

1 아버지를 위해 목숨을 받친 심청이의 _____이 지극하다.

2 의사는 약을 _____하고 약사는 약을 짓는다.

3 전쟁 때문에 할아버지가 돌아가셨는데도 제대로 _____를 지내지도 못했다.

4 아버지를 열심히 간호하였더니 병세에 _____가 보이기 시작하였다.

5 왜 약속을 지키지 못했는지에 대한 _____을 담은 편지를 써서 친구에게 보냈다.

6 돌아가신 고인의 _____을 달래는 마음으로 제사를 지냈다.

3 어구를 빠르고 정확하게 읽기

다음 어구를 바르게 읽어 봅시다

정말 용하다는 의원이 있다는 소문을
어디 사는 누구인지 몰라
아버지의 병에 대해 솔직하게 이야기하고
장사를 못 지내고 있었답니다
죽어 가던 아버지를 살렸다는 소문이
노래하고 춤춘다 죽은 광대의 넋이 깃들어서
고함을 지며 물건을 부수던 미친 사람의 넋이 깃들어서

효성스러운 총각에 얽힌 사연 때문에
아버지의 병세를 자세하게 이야기하자
여기저기 떠돌아다니며 노래하고 춤추다가
또 몇 날 며칠을 헤매며 떠돌아다니다가
의원이 말한 대로
슬플 때나 즐거울 때나 먹는 술이랍니다
술을 너무 많이 먹으면

▶ 이 페이지의 내용은 복사하거나 학지사 홈페이지(http://www.hakjisa.co.kr)에서 내려받아 사용하세요!

다음 어구/절들을 빠르고 정확하게 읽어 봅시다

아버지의 병세를 자세하게 이야기하자

아버지의 병에 대해 솔직하게 이야기하고

의원이 말한 대로

노래하고 춤추다 죽은 광대의 넋이 깃들어서

노래하고 춤추다 죽은 광대의 넋이 깃들어서

의원이 말한 대로

아버지의 병에 대해 솔직하게 이야기하고

아버지의 병세를 자세하게 이야기하자

효성스러운 총각에 얽힌 사연 때문에

고함을 지며 물건을 부수던 미친 사람의 넋이 깃들어서

죽어 가던 아버지를 살렸다는 소문이

슬플 때나 즐거울 때나 먹는 술이랍니다

노래하고 춤추다 죽은 광대의 넋이 깃들어서

의원이 말한 대로

술을 너무 많이 먹으면

죽어 가던 아버지를 살렸다는 소문이

또 몇 날 며칠을 헤매며 떠돌아다니다가

어디 사는 누구인지 몰라

효성스러운 총각에 얽힌 사연 때문에

정말 용하다는 의원이 있다는 소문을

여기저기 떠돌아다니며 노래하고 춤추다가

장사를 못 지내고 있었답니다

슬플 때나 즐거울 때나 먹는 술이랍니다

고함을 지며 물건을 부수던 미친 사람의 넋이 깃들어서

어디 사는 누구인지 몰라

술을 너무 많이 먹으면

죽어 가던 아버지를 살렸다는 소문이

또 몇 날 며칠을 헤매며 떠돌아다니다가

어디 사는 누구인지 몰라

효성스러운 총각에 얽힌 사연 때문에

아버지의 병에 대해 솔직하게 이야기하고

또 몇 날 며칠을 헤매며 떠돌아다니다가

장사를 못 지내고 있었답니다

고함을 지며 물건을 부수던 미친 사람의 넋이 깃들어서

슬플 때나 즐거울 때나 먹는 술이랍니다

장사를 못 지내고 있었답니다

여기저기 떠돌아다니며 노래하고 춤추다가

정말 용하다는 의원이 있다는 소문을

효성스러운 총각에 얽힌 사연 때문에

어디 사는 누구인지 몰라

또 몇 날 며칠을 헤매며 떠돌아다니다가

죽어 가던 아버지를 살렸다는 소문이

술을 너무 많이 먹으면

고함을 지며 물건을 부수던 미친 사람의 넋이 깃들어서

슬플 때나 즐거울 때나 먹는 술이랍니다

장사를 못 지내고 있었답니다

여기저기 떠돌아다니며 노래하고 춤추다가

정말 용하다는 의원이 있다는 소문을

효성스러운 총각에 얽힌 사연 때문에

여기저기 떠돌아다니며 노래하고 춤추다가

어디 사는 누구인지 몰라

아버지의 병세를 자세하게 이야기하자

정말 용하다는 의원이 있다는 소문을

노래하고 춤추다 죽은 광대의 넋이 깃들어서

의원이 말한 대로

여기저기 떠돌아다니며 노래하고 춤추다가

아버지의 병세를 자세하게 이야기하자

다음 글을 / 표시된 곳에서 끊어 읽어 봅시다. 읽을 때 빠르고 정확하게 읽도록 합시다

옛날 옛날 / 아주 오랜 옛날에는 / 이 세상에 / 술이라는 게 / 없었답니다. / 그런데 / 효성스러운 총각에 얽힌 사연 때문에 / 술이라는 게 / 세상에 생겼답니다. / 그 사연 속에는 / 술을 많이 마시면 / 술주정을 부리는 까닭도 / 숨겨져 있지요. /

옛날 아주 오랜 옛날에 / 효성스러운 한 총각이 / 아버지를 모시고 살았습니다. / 어린 나이에 / 어머니를 여의고 / 형제도 없이 / 아버지와 단 둘이 / 살았답니다. / 그런데 / 어느 날 갑자기 / 아버지가 / 시름시름 앓기 시작하더니 / 일어나지를 못했지요. / 효성스러운 총각은 / 답답한 마음에 / 용하다는 의원들을 찾아다니며 / 약을 구했답니다. / 하지만 / 좋다는 약을 다 썼지만 / 차도가 없어 / 속이 바짝바짝 타들어 갔답니다. /

그러던 때에 / 강 건너 마을에 / 정말 용하다는 의원이 있다는 소문을 / 들었지요. / 효성스러운 아들은 / 그 소문을 듣고 / 당장 강을 건너 / 의원을 찾아갔습니다. / 총각이 / 아버지의 병세를 자세하게 이야기하자 / 의원이 골똘히 생각하다 / 조심스럽게 말했지요. /

"그 병에 딱 맞는 치료약이 / 있기는 하지만 / 워낙 구하기가 / 어렵다네." /

"저희 아버지를 살릴 수만 있다면 / 지옥에 가라고 해도 / 갈 수 있습니다요." /

"시체 셋을 한꺼번에 묻고, / 무덤 위에 자라는 풀을 갈아 / 즙을 내서 먹어야 한다네." /

총각은 / 그날부터 / 시체를 찾기 위해 / 전국 곳곳을 / 헤매며 돌아다녔습니다. / 그러나 / 사람이 죽으면 / 바로 무덤에 묻으니 / 시체를 구하기가 쉽지 않았어요. / 몇 날 며칠을 헤매다 / 드디어 / 어떤 색시의 시체를 구하게 되었지요. / 얌전한 색시가 죽었는데 / 어디 사는 누구인지 몰라 / 묻지 못하고 있었어요. / 총각은 / 사정을 솔직하게 이야기하고 / 마을 사람들에게서 / 색시의 시체를 얻게 되었답니다. /

색시의 시체를 짊어지고 / 몇 날 며칠을 가다 / 어느 마을에 이르렀지요. / 때마침 / 노래하고 춤추는 광대가 죽었는데 / 장사를 못 지내고 있었지요. / 광대는 / 여기저기 떠돌아다니며 노래하고 춤추다가 / 이 마을에서 죽었다고 했지요. / 광대가 / 어디 사는 누구인지 아무도 몰라서 / 땅에 묻지 못하고 있었어요. / 이번에도 / 총각은 / 아버지의 병에 대

해 솔직하게 이야기하고 / 광대의 시체를 얻게 되었답니다. / 총각은 / 얌전한 처녀의 시체와 / 춤추고 노래하는 광대의 시체를 / 짊어지고 떠났습니다. /

총각은 / 또 몇 날 며칠을 헤매며 떠돌아다니다가 / 어느 마을에 이르렀지요. / 그 마을에는 / 마침 / 미친 사람이 죽어서 / 장사를 못 지내고 있었답니다. / 지나가던 미친 사람이 / 고함을 치며 / 닥치는 대로 물건을 부수다가 죽었지요. / 지나가던 미친 사람이었으니 / 당연히 / 어디 사는 누구인지 정말 아무도 몰랐어요. / 그래서 / 마을 사람들은 / 이러지도 저러지도 못하고 있다가 / 효성스러운 총각을 만났답니다. / 효성스러운 총각은 / 이번에도 / 아버지의 병에 대해 솔직히 이야기하고 / 시체를 얻었지요. / 이렇게 해서 / 총각은 / 의원이 말한 대로 / 시체 셋을 구하게 되었답니다. /

총각은 / 집으로 돌아와 / 시체 셋을 / 양지바른 언덕에 / 정성스럽게 묻어 주었습니다. / 그랬더니 / 며칠 뒤에 / 의원의 말처럼 / 무덤 위에 / 풀이 / 자라기 시작했어요. / 총각은 / 풀이 어느 정도 자란 다음 / 의원의 처방대로 / 풀을 갈아 즙을 냈습니다. / 그러고는 / 즙을 아버지에게 먹였더니 / 정말 신기하게도 / 씻은 듯이 / 병이 / 나았지요. /

효성스러운 총각이 / 죽어 가던 아버지를 살렸다는 소문이 / 온 마을에 / 쫙 퍼졌습니다. / 그러자 / 온 마을 사람들은 / 너도나도 / 그 풀을 얻어다가 / 집에서 길렀지요. / 처음에는 총각처럼 / 즙을 먹었지만 / 나중에는 / 열매를 찧어 / 누룩을 빚어 먹었답니다. / 이게 바로 / 요즘 사람들이 / 슬플 때나 즐거울 때나 먹는 술이랍니다. /

술을 처음 먹을 때는 얌전한데, / 이것은 / 얌전한 색시의 넋이 깃들어서 / 그렇지요. / 또 / 술을 계속 먹으면 / 기분이 점점 좋아져서 / 노래하고 춤추게 됩니다. / 이것은 / 노래하고 춤추다 죽은 광대의 넋이 깃들어서 / 그렇게 되었다고 합니다. / 술을 너무 많이 먹으면 / 미친 사람처럼 / 고래고래 소리를 지르게 되지요. / 이것은 / 고함을 치며 물건을 부수던 미친 사람의 넋이 깃들어서 / 그렇답니다. /

6 이야기 지도 사용하여 글 읽고 이해하기: 인물, 시장, 사건, 끝을 기억하며 글의 내용 파악하기

'이야기 지도(인물, 시장, 사건, 끝)'를 사용하여 글의 내용을 파악해 봅시다

술을 마시면 주정을 부리는 까닭

옛날 옛날 아주 오랜 옛날에는 이 세상에 술이라는 게 없었답니다. 그런데 효성스러운 총각에 얽힌 사연 때문에 술이라는 게 세상에 생겼답니다. 그 사연 속에는 술을 많이 마시면 술주정을 부리는 까닭도 숨겨져 있지요.

옛날 아주 오랜 옛날에 효성스러운 한 총각이 아버지를 모시고 살았습니다. 어린 나이에 어머니를 여의고 형제도 없이 아버지와 단 둘이 살았답니다. 그런데 어느 날 갑자기 아버지가 시름시름 앓기 시작하더니 일어나지를 못했지요. 효성스러운 총각은 답답한 마음에 용하다는 의원들을 찾아다니며 약을 구했답니다. 하지만 좋다는 약을 다 썼지만 차도가 없어 속이 바짝바짝 타들어 갔답니다.

그러던 때에 강 건너 마을에 정말 용하다는 의원이 있다는 소문을 들었지요. 효성스러운 아들은 그 소문을 듣고 당장 강을 건너 의원을 찾아갔습니다. 총각이 아버지의 병세를 자세하게 이야기하자 의원이 골똘히 생각하다 조심스럽게 말했지요.

"그 병에 딱 맞는 치료약이 있기는 하지만 워낙 구하기가 어렵다네."

"저희 아버지를 살릴 수만 있다면 지옥에 가라고 해도 갈 수 있습니다요."

"시체 셋을 한꺼번에 묻고, 무덤 위에 자라는 풀을 갈아 즙을 내서 먹어야 한다네."

총각은 그날부터 시체를 찾기 위해 전국 곳곳을 헤매며 돌아다녔습니다. 그러나 사람이 죽으면 바로 무덤에 묻으니 시체를 구하기가 쉽지 않았어요. 몇 날 며칠을 헤매다 드디어 어떤 색시의 시체를 구하게 되었지요. 얌전한 색시가 죽었는데 어디 사는 누구인

지 몰라 묻지 못하고 있었어요. 총각은 사정을 솔직하게 이야기하고 마을 사람들에게서 색시의 시체를 얻게 되었답니다.

색시의 시체를 짊어지고 몇 날 며칠을 가다 어느 마을에 이르렀지요. 때마침 노래하고 춤추는 광대가 죽었는데 장사를 못 지내고 있었지요. 광대는 여기저기 떠돌아다니며 노래하고 춤추다가 이 마을에서 죽었다고 했지요. 광대가 어디 사는 누구인지 아무도 몰라서 땅에 묻지 못하고 있었어요. 이번에도 총각은 아버지의 병에 대해 솔직하게 이야기하고 광대의 시체를 얻게 되었답니다. 총각은 얌전한 처녀의 시체와 춤추고 노래하는 광대의 시체를 짊어지고 떠났습니다.

총각은 또 몇 날 며칠을 헤매며 떠돌아다니다가 어느 마을에 이르렀지요. 그 마을에는 마침 미친 사람이 죽어서 장사를 못 지내고 있었답니다. 지나가던 미친 사람이 고함을 치며 닥치는 대로 물건을 부수다가 죽었지요. 지나가던 미친 사람이었으니 당연히 어디 사는 누구인지 정말 아무도 몰랐어요. 그래서 마을 사람들은 이러지도 저러지도 못하고 있다가 효성스러운 총각을 만났답니다. 효성스러운 총각은 이번에도 아버지의 병에 대해 솔직히 이야기하고 시체를 얻었지요. 이렇게 해서 총각은 의원이 말한 대로 시체 셋을 구하게 되었답니다.

총각은 집으로 돌아와 시체 셋을 양지바른 언덕에 정성스럽게 묻어 주었습니다. 그랬더니 며칠 뒤에 의원의 말처럼 무덤 위에 풀이 자라기 시작했어요. 총각은 풀이 어느 정도 자란 다음 의원의 처방대로 풀을 갈아 즙을 냈습니다. 그러고는 즙을 아버지에게 먹였더니 정말 신기하게도 씻은 듯이 병이 나았지요.

효성스러운 총각이 죽어 가던 아버지를 살렸다는 소문이 온 마을에 쫙 퍼졌습니다. 그러자 온 마을 사람들은 너도나도 그 풀을 얻어다가 집에서 길렀지요. 처음에는 총각처럼 즙을 먹었지만 나중에는 열매를 찧어 누룩을 빚어 먹었답니다. 이게 바로 요즘 사람들이 슬플 때나 즐거울 때나 먹는 술이랍니다.

술을 처음 먹을 때는 얌전한데, 이것은 얌전한 색시의 넋이 깃들어서 그렇지요. 또 술을 계속 먹으면 기분이 점점 좋아져서 노래하고 춤추게 됩니다. 이것은 노래하고 춤추다 죽은 광대의 넋이 깃들어서 그렇게 되었다고 합니다. 술을 너무 많이 먹으면 미친 사람처럼 고래고래 소리를 지르게 되지요. 이것은 고함을 치며 물건을 부수던 미친 사람의 넋이 깃들어서 그렇답니다.

제목: 술을 마시면 주정을 부리는 까닭

1　　**인물**　　이야기에 등장하는 인물은 누구인가요?

2　　**시간과 장소**　　언제 일어난 이야기인가요?

시간:

3　　**사건들**　　인물에게 어떤 일들이 일어났나요? 일이 어떠한 차례로 일어났나요?

4　　**끝**　　이야기가 어떻게 끝났나요?

7 글의 주제 알기

글의 주제를 알아봅시다

글의 주제는 글쓴이가 읽는 이에게 말하고자 하는 생각 또는 의견입니다. 글의 주제는 '~하자. 해야 한다' 또는 '~하지 말자. 하지 말아야 한다'로 만들 수 있습니다.

'술을 마시면 주정을 부리는 까닭'을 읽고, 글의 주제를 써 봅시다.

_____

_____

_____

사◇후◇평◇가

읽기유창성

지시문

앞에 있는 종이에 글이 있어요. 이제 선생님이 "시작"이라고 하면(학생용 평가지의 첫 어절을 손가락으로 가리킨 후, 계속 훑으면서) 처음부터 읽기 시작해서 "그만"이라고 할 때까지 최대한 정확하게, 그리고 최대한 빨리 읽으세요. 글을 읽다가 모르는 글자가 나오면 선생님이 어떻게 해야 할지 알려 줄게요. 최선을 다하세요. 질문 있어요? (질문이 있으면 질문에 대답한다.) 준비, 시작. (학생이 첫 어절을 말함과 동시에 타이머를 누르고 1분간 학생의 반응을 기록한 뒤 1분이 지나면 "그만"이라고 말한다.)

옛날 옛날 아주 오랜 옛날에는 이 세상에 술이라는 게 없었답니다. 그런데 효성스러운 총각에 얽힌 사연 때문에 술이라는 게 세상에 생겼답니다. 그 사연 속에는 술을 많이 마시면 술주정을 부리는 까닭도 숨겨져 있지요.

옛날 아주 오랜 옛날에 효성스러운 한 총각이 아버지를 모시고 살았습니다. 어린 나이에 어머니를 여의고 형제도 없이 아버지와 단 둘이 살았답니다. 그런데 어느 날 갑자기 아버지가 시름시름 앓기 시작하더니 일어나지를 못했지요. 효성스러운 총각은 답답한 마음에 용하다는 의원들을 찾아다니며 약을 구했답니다. 하지만 좋다는 약을 다 썼지만 차도가 없어 속이 바짝바짝 타들어 갔답니다.

그러던 때에 강 건너 마을에 정말 용하다는 의원이 있다는 소문을 들었지요. 효성스러운 아들은 그 소문을 듣고 당장 강을 건너 의원을 찾아갔습니다. 총각이 아버지의 병세를 자세하게 이야기하자 의원이 골똘히 생각하다 조심스럽게 말했지요.

"그 병에 딱 맞는 치료약이 있기는 하지만 워낙 구하기가 어렵다네."

"저희 아버지를 살릴 수만 있다면 지옥에 가라고 해도 갈 수 있습니다요."

"시체 셋을 한꺼번에 묻고, 무덤 위에 자라는 풀을 갈아 즙을 내서 먹어야 한다네."

총각은 그날부터 시체를 찾기 위해 전국 곳곳을 헤매며 돌아다녔습니다. 그러나 사람이 죽으면 바로 무덤에 묻으니 시체를 구하기가 쉽지 않았어요. 몇 날 며칠을 헤매다 드디어 어떤 색시의 시체를 구하게 되었지요. 얌전한 색시가 죽었는데 어디 사는 누구인지 몰라 묻지 못하고 있었어요. 총각은 사정을 솔직하게 이야기하고 마을 사람들에게서 색시의 시체를 얻게 되었답니다.

색시의 시체를 짊어지고 몇 날 며칠을 가다 어느 마을에 이르렀지요. 때마침 노래하고 춤추는 광대가 죽었는데 장사를 못 지내고 있었지요. 광대는 여기저기 떠돌아다니며 노래하고 춤추다가 이 마을에서 죽었다고 했지요. 광대가 어디 사는 누구인지 아무도 몰라서 땅에 묻지 못하고 있었어요. 이번에도 총각은 아버지의 병에 대해 솔직하게 이야기하고 광대의 시체를 얻게 되었답니다. 총각은 얌전한 처녀의 시체와 춤추고 노래하는 광대의 시체를 짊어지고 떠났습니다.

총각은 또 몇 날 며칠을 헤매며 떠돌아다니다가 어느 마을에 이르렀지요. 그 마을에는 마침 미친 사람이 죽어서 장사를 못 지내고 있었답니다. 지나가던 미친 사람이 고함을 치며 닥치는 대로 물건을 부수다가 죽었지요. 지나가던 미친 사람이었으니 당연히 어디 사는 누구인지 정말 아무도 몰랐어요. 그래서 마을 사람들은 이러지도 저러지도 못하고 있다가 효성스러운 총각을 만났답니다. 효성스러운 총각은 이번에도 아버지의 병에 대해 솔직히 이야기하고 시체를 얻었지요. 이렇게 해서 총각은 의원이 말한 대로 시체 셋을 구하게 되었답니다.

총각은 집으로 돌아와 시체 셋을 양지바른 언덕에 정성스럽게 묻어 주었습니다. 그랬더니 며칠 뒤에 의원의 말처럼 무덤 위에 풀이 자라기 시작했어요. 총각은 풀이 어느 정도 자란 다음 의원의 처방대로 풀을 갈아 즙을 냈습니다. 그러고는 즙을 아버지에게 먹였더니 정말 신기하게도 씻은 듯이 병이 나았지요.

효성스러운 총각이 죽어 가던 아버지를 살렸다는 소문이 온 마을에 쫙 퍼졌습니다. 그러자 온 마을 사람들은 너도나도 그 풀을 얻어다가 집에서 길렀지요. 처음에는 총각처럼 즙을 먹었지만 나중에는 열매를 찧어 누룩을 빚어 먹었답니다. 이게 바로 요즘 사람들이 슬플 때나 즐거울 때나 먹는 술이랍니다.

술을 처음 먹을 때는 얌전한데, 이것은 얌전한 색시의 넋이 깃들어서 그렇지요. 또 술을 계속 먹으면 기분이 점점 좋아져서 노래하고 춤추게 됩니다. 이것은 노래하고 춤추다 죽은 광대의 넋이 깃들어서 그렇게 되었다고 합니다. 술을 너무 많이 먹으면 미친 사람처럼 고래고래 소리를 지르게 되지요. 이것은 고함을 치며 물건을 부수던 미친 사람의 넋이 깃들어서 그렇답니다.

❧ 읽기유창성 점수: ＿＿＿＿＿＿＿＿

▶ 사전평가와 사후평가의 지문은 학지사 홈페이지(http://www.hakjisa.co.kr)에서 내려받을 수 있습니다.

읽기이해

📖 다음 질문에 <u>최대한</u> 자세히 답을 써 주세요.

(※ 쓰는 것이 어려운 학생의 경우, 구두로 답하도록 하세요.)

1 이야기에 나오는 중심인물은 누구인가요?

2 언제 일어난 일인가요?

3 총각은 왜 강 건너 마을에 갔나요?

4 아버지를 살리려면 어떻게 하여야 한다고 했나요?

5 총각이 왜 시체를 구하기가 어려웠나요?

6 마을 사람들이 총각에게 풀을 얻으려고 한 까닭은 무엇일까요?

7 의원의 말대로 하였는데도 아버지의 병이 좋아지지 않았다면 총각은 어떻게 하였을까요? 그것을 어떻게 알 수 있는지 글에서 찾아 써 보세요.

1) 어떻게 하였을까요?

2) 그것을 어떻게 알 수 있나요?

5. 엉터리 장사꾼

🏫 글을 읽을 때, 적당한 부분에서 글을 빠르고 정확하게 끊어 읽을 수 있다.

🏫 글을 읽고, 글의 중심내용과 글의 주제를 파악할 수 있다.

사 ◇ 전 ◇ 평 ◇ 가

> **지시문**
>
> 앞에 있는 종이에 글이 있어요. 이제 선생님이 "시작"이라고 하면(학생용 평가지의 첫 어절을 손가락으로 가리킨 후, 계속 훑으면서) 처음부터 읽기 시작해서 "그만"이라고 할 때까지 최대한 정확하게, 그리고 최대한 빨리 읽으세요. 글을 읽다가 모르는 글자가 나오면 선생님이 어떻게 해야 할지 알려 줄게요. 최선을 다하세요. 질문 있어요? (질문이 있으면 질문에 대답한다.) 준비, 시작. (학생이 첫 어절을 말함과 동시에 타이머를 누르고 1분간 학생의 반응을 기록한 뒤 1분이 지나면 "그만"이라고 말한다.)

옛날 큰 강이 흐르는 어느 마을에 꾀가 많은 선비가 살았습니다. 선비는 글공부만 해서 벼슬길로 나가는 다른 선비들과는 아주 많이 달랐지요. 꾀가 많았던 선비는 가만히 앉아서 글공부만 하는 걸 견디지 못했답니다. 그래서 늘 공부만 하는 다른 선비들을 골탕 먹이는 일에 흥미를 가졌지요. 하지만 선비는 힘없고 가난한 사람들에게는 가진 것을 아낌없이 나눠 주는 사람이었답니다. 뿐만 아니라 선비는 날마다 무술로 몸을 단련하여 힘이 아주 강했지요. 힘이 약한 사람들이 당하는 모습을 보면 지나치지 않고 항상 도와주었지요. 그래서 힘없고 가난한 사람들에게는 나라의 임금님보다도 더 큰 존경을 받았답니다.

어느 날 선비는 저녁 무렵 마을 강가를 거닐며 생각에 잠겼습니다. 그때는 입춘이 지나서 겨울이 가고 봄이 다시 찾아올 무렵이었지요. 강에는 추운 북쪽으로 이동하기 위해 잠시 쉬는 청둥오리 떼가 많았습니다. 선비는 엄청난 무리의 오리 떼가 강에서 날아올라 날아다니는 모습에 감탄했습니다. 한참 동안 오리 떼가 하늘로 날아오르고 다시 강에 내려앉는 모습을 보았지요. 문득 오리 떼를 팔아서 떼돈을 벌 수 있겠다는 생각이 떠올랐습니다.

'곧 있으면 이 강을 떠날 오리 떼들을 멍청한 선비들에게 팔아야겠다. 오리 한 마리에 한 푼씩만 받아도 그 돈이 도대체 얼마야? 글공부만 하는 멍청한 선비들을 속이는 일이야 식은 죽 먹기보다 쉽지.'

다음 날 선비는 마을의 어수룩한 부자 영감을 데리고 강가로 갔습니다.

"어젯밤에 제가 말씀드린 오리 떼가 바로 저 녀석들입니다. 겨우내 먹이를 잘 먹여서 배가 아주 통통하게 살이 올랐지요."

"어허, 정말 말씀대로 굉장하군요. 도대체 전부 몇 마리나 되는지요?"

"제가 어제 하나하나 세어 보니까 전부 칠만 구천 이백 구십칠 마리입니다. 하지만 강에서 날아올라 하늘을 날고 있는 오리들도 있으니 더 많지요. 그러니 저 오리 떼를 사시면 팔만 마리 이상을 가지게 됩니다. 하지만 가격은 한 마리에 한 푼씩 쳐서 칠만 마리만 받겠습니다. 평소에 영감과 맺어 온 인연을 깊이 생각해서 특별히 싸게 드리는 겁니다."

선비는 한 번도 오리 떼를 세어 본 일이 없지만 능청스럽게 대답했습니다.

"오호, 그럼 말씀대로라면 만 마리를 공짜로 얻을 수 있다는 말씀인가요?"

"영감님과 한 마을에서 오랫동안 함께 지내 온 정이 있으니 가능한 일이지요."

"그런데 말이지요, 저렇게 많은 오리가 정말 당신 것이 맞나요?"

부자 영감은 만 마리를 거저 얻는다는 말에 갑자기 의심이 생겼습니다.

"물론이지요, 저 녀석들이 비록 말 못하는 짐승이지만 주인을 척하고 알아본답니다."

선비가 오리 떼가 몰려 있는 강가에 다가가서 손뼉을 치며 외쳤습니다.

"내 사랑하는 오리들아, 너희의 힘찬 날갯짓을 보여 주자, 날아라! 어서 날아라!"

선비가 큰 소리로 외치자마자 오리 떼들이 일제히 푸드득거리며 하늘로 힘차게 날아올랐습니다. 그러고는 조금 있다가 오리 떼들이 내려앉을 기미가 보이자 다시 외쳤습니다.

"내 사랑하는 오리들아, 이제는 강으로 내려와 편히 쉬어라, 어서 내려앉아라!"

또 선비의 말을 끝나자마자 오리 떼들이 일제히 우르르 강으로 내려앉았습니다. 부자 영감은 선비가 말하는 대로 오리들이 움직이는 것을 보고 감탄했습니다.

"과연 당신의 말씀대로 비록 하찮은 짐승이지만 귀신같이 주인의 말을 알아듣는군요."

이리하여 부자 영감은 선비의 말에 홀랑 넘어가서 오리를 사게 되었지요. 선비는 한 마리에 한 푼씩 받아 챙기고는 마을을 당장 떠나 버렸습니다. 다음 날 아침, 부자 영감은 오리 떼를 보러 강가로 나갔습니다. 하지만 팔만 마리나 된다던 오리가 단 한 마리도 보이지 않았습니다. 부자 영감은 속이 타서 강줄기를 따라 오르내리며 오리 떼를 찾았습니다. 하지만 오리 떼는 봄이 찾아오는 마을을 떠나 추운 북쪽으로 떠나 버렸지요. 아무리 찾아도 오리가 보이지 않자 영감은 선비에게 속은 것을 알았습니다. 영감이 땅을 치며 울음을 터뜨릴 무렵 선비는 이웃 마을로 갔습니다. 오리를 팔고 받은 돈 전부를 이웃 마을 가난한 사람들에게 나눠 주었지요. 그러고는 홀가분한 마음으로 가볍게 짐을 챙겨 다시 어디론가 길을 떠났습니다.

❖ 읽기유창성 점수: _____

▶ 사전평가와 사후평가의 지문은 학지사 홈페이지(http://www.hakjisa.co.kr)에서 내려받을 수 있습니다.

1 단어를 빠르고 정확하게 읽기

다음 단어를 바르게 읽어 봅시다

단련하여	존경
입춘이	무렵이었지요
어수룩한	기미
하찮은	일제히
능청스럽게	홀가분한
내려앉았습니다	날개짓을

▶ 이 페이지의 내용은 복사하거나 학지사 홈페이지(http://www.hakjisa.co.kr)에서 내려받아 사용하세요!

다음 단어들을 빠르고 정확하게 읽어 봅시다

단련하여	존경	입춘이	무렵이었지요	어수룩한
기미	하찮은	일제히	능청스럽게	홀가분한
내려앉았습니다	날개짓을	홀가분한	무렵이었지요	일제히
존경	기미	단련하여	하찮은	입춘이
날개짓을	홀가분한	내려앉았습니다	일제히	능청스럽게
하찮은	어수룩한	기미	입춘이	무렵이었지요
존경	내려앉았습니다	단련하여	능청스럽게	어수룩한
단련하여	하찮은	입춘이	능청스럽게	어수룩한
무렵이었지요	기미	홀가분한	날개짓을	내려앉았습니다
홀가분한	능청스럽게	일제히	하찮은	기미
어수룩한	무렵이었지요	입춘이	존경	단련하여

▶ 이 페이지의 내용은 복사하거나 학지사 홈페이지(http://www.hakjisa.co.kr)에서 내려받아 사용하세요!

2 어휘의 뜻 알아보기

다음 단어를 알아봅시다

예시문을 읽고, 내가 생각하는 단어의 뜻을 써 봅시다.

_____

올바른 단어의 뜻을 써 봅시다.

_____

정의

단련하다

비슷한 말

- _____
- _____
- _____

예시문 선비는 날마다 무술로 몸을 단련하여 힘이 아주 강했지요.

문장 만들기

비슷한 말을 넣어서 문장을 완성해 봅시다.

선비는 날마다 무술로 몸을 _____ 힘이 아주 강했지요.

새로운 문장을 만들어 써 봅시다.

_____

도전문제

몸을 건강하게 단련하기 위해서는 무엇을 해야 할까요?

_____

_____

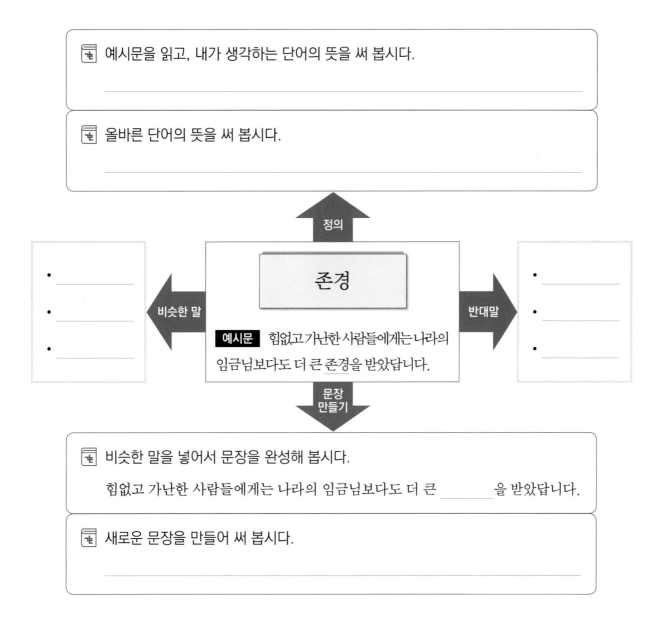

📖 예시문을 읽고, 내가 생각하는 단어의 뜻을 써 봅시다.

_____

📖 올바른 단어의 뜻을 써 봅시다.

_____

정의

존경

예시문 힘없고 가난한 사람들에게는 나라의 임금님보다도 더 큰 존경을 받았답니다.

비슷한 말

반대말

문장 만들기

📖 비슷한 말을 넣어서 문장을 완성해 봅시다.

힘없고 가난한 사람들에게는 나라의 임금님보다도 더 큰 _____을 받았답니다.

📖 새로운 문장을 만들어 써 봅시다.

_____

도전문제

내가 가장 존경하는 인물은 누구이고, 왜 가장 존경하나요?

_____

_____

📖 예시문을 읽고, 내가 생각하는 단어의 뜻을 써 봅시다.

_____

📖 올바른 단어의 뜻을 써 봅시다.

_____

정의 ▲

입춘

예시문 그때는 입춘이 지나서 겨울이 가고 봄이 다시 찾아올 무렵이었지요.

문장 만들기 ▼

📖 새로운 문장을 만들어 써 봅시다.

_____

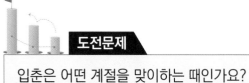

도전문제

입춘은 어떤 계절을 맞이하는 때인가요?

〈관련 단어〉

입하: _____ 이 시작되는 때

입추: _____ 이 시작되는 때

입동: _____ 이 시작되는 때

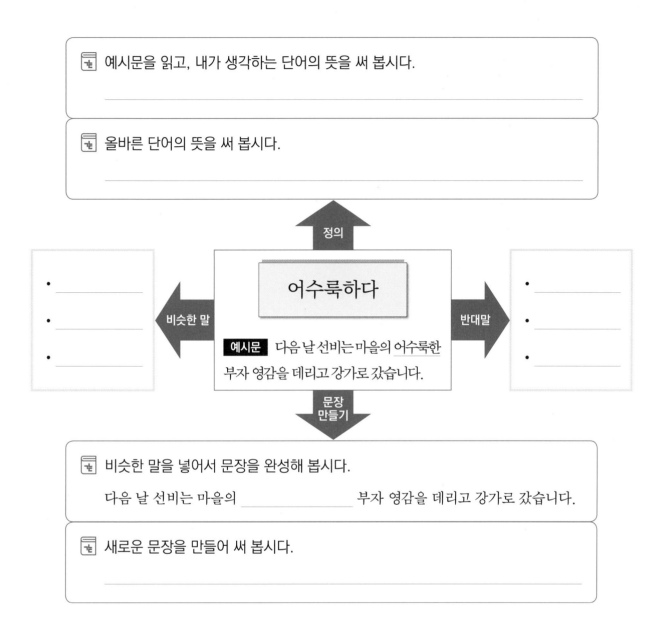

예시문을 읽고, 내가 생각하는 단어의 뜻을 써 봅시다.

올바른 단어의 뜻을 써 봅시다.

정의

어수룩하다

예시문 다음 날 선비는 마을의 어수룩한 부자 영감을 데리고 강가로 갔습니다.

비슷한 말

반대말

문장 만들기

비슷한 말을 넣어서 문장을 완성해 봅시다.

다음 날 선비는 마을의 _____ 부자 영감을 데리고 강가로 갔습니다.

새로운 문장을 만들어 써 봅시다.

도전문제

내가 어떤 행동을 할 때 어수룩해 보일까요?

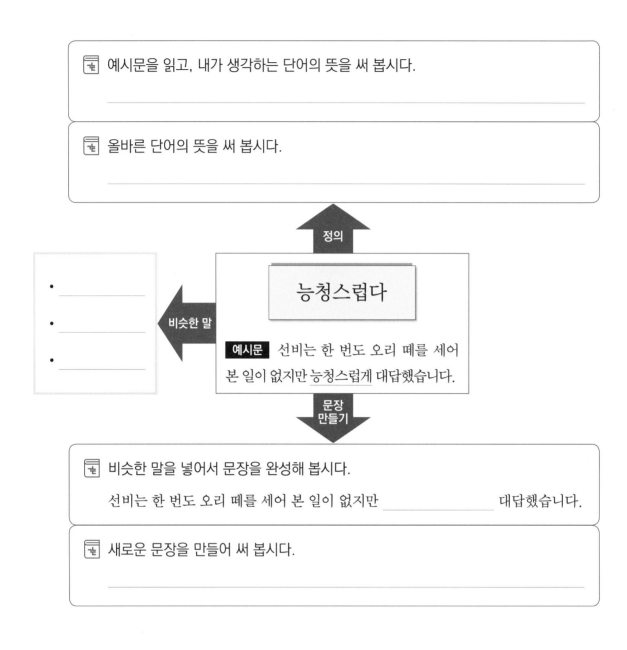

📖 예시문을 읽고, 내가 생각하는 단어의 뜻을 써 봅시다.

_____

📖 올바른 단어의 뜻을 써 봅시다.

_____

정의

능청스럽다

비슷한 말

- _____
- _____
- _____

예시문 선비는 한 번도 오리 떼를 세어 본 일이 없지만 능청스럽게 대답했습니다.

문장 만들기

📖 비슷한 말을 넣어서 문장을 완성해 봅시다.

선비는 한 번도 오리 떼를 세어 본 일이 없지만 _____ 대답했습니다.

📖 새로운 문장을 만들어 써 봅시다.

_____

도전문제

'능청스럽다'는 말은 언제 쓰나요? 누군가 나에게 능청스럽다고 얘기한 적이 있나요?

_____

_____

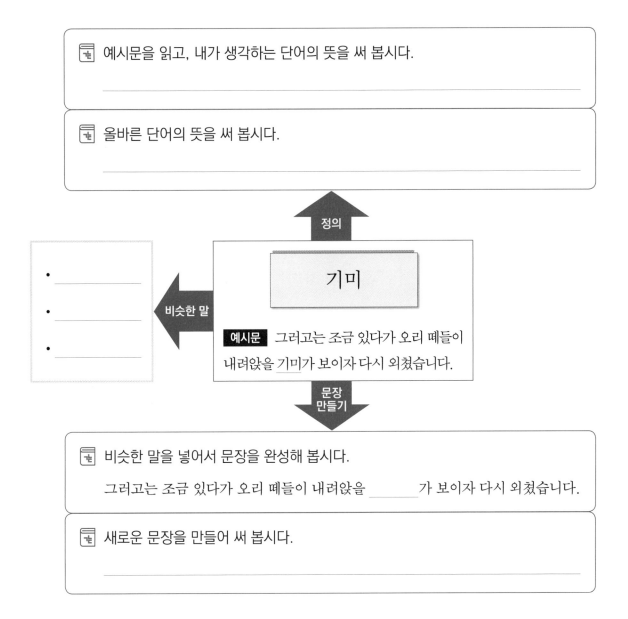

📖 예시문을 읽고, 내가 생각하는 단어의 뜻을 써 봅시다.

＿＿＿＿＿＿＿＿＿＿＿＿＿＿＿＿＿＿＿＿＿＿＿＿＿＿＿＿

📖 올바른 단어의 뜻을 써 봅시다.

＿＿＿＿＿＿＿＿＿＿＿＿＿＿＿＿＿＿＿＿＿＿＿＿＿＿＿＿

정의

기미

비슷한 말

- ＿＿＿＿＿＿
- ＿＿＿＿＿＿
- ＿＿＿＿＿＿

예시문 그러고는 조금 있다가 오리 떼들이 내려앉을 기미가 보이자 다시 외쳤습니다.

문장 만들기

📖 비슷한 말을 넣어서 문장을 완성해 봅시다.

그러고는 조금 있다가 오리 떼들이 내려앉을 ＿＿＿＿가 보이자 다시 외쳤습니다.

📖 새로운 문장을 만들어 써 봅시다.

＿＿＿＿＿＿＿＿＿＿＿＿＿＿＿＿＿＿＿＿＿＿＿＿＿＿＿＿

도전문제

잘못을 한 후에 반성의 기미가 보이지 않으면, 어떻게 될까요?

＿＿＿＿＿＿＿＿＿＿＿＿＿＿＿＿＿＿＿＿＿＿＿＿＿＿＿＿＿＿＿＿＿

＿＿＿＿＿＿＿＿＿＿＿＿＿＿＿＿＿＿＿＿＿＿＿＿＿＿＿＿＿＿＿＿＿

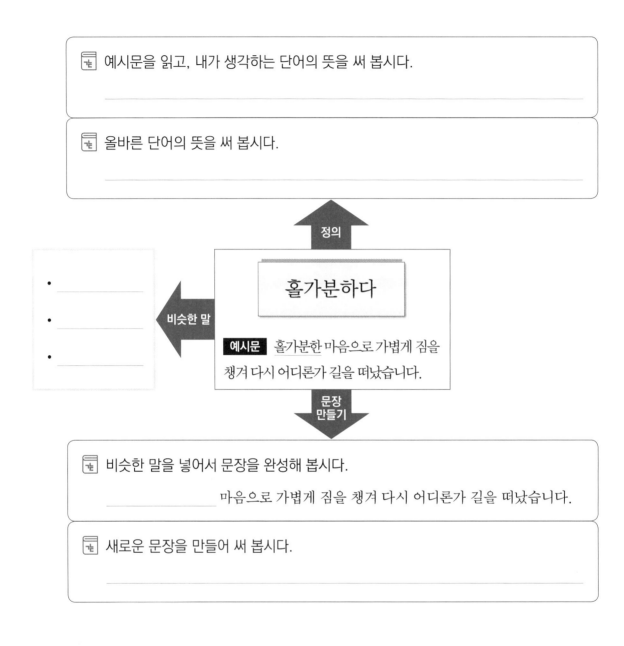

📑 예시문을 읽고, 내가 생각하는 단어의 뜻을 써 봅시다.

_____

📑 올바른 단어의 뜻을 써 봅시다.

_____

정의

홀가분하다

예시문 홀가분한 마음으로 가볍게 짐을 챙겨 다시 어디론가 길을 떠났습니다.

비슷한 말

• _____
• _____
• _____

문장 만들기

📑 비슷한 말을 넣어서 문장을 완성해 봅시다.

_____ 마음으로 가볍게 짐을 챙겨 다시 어디론가 길을 떠났습니다.

📑 새로운 문장을 만들어 써 봅시다.

_____

도전문제

언제 홀가분한 마음이 드나요?

_____

_____

다음 〈보기〉의 단어들 중 반대말끼리 묶어 봅시다.

보기

어수룩하다, 멸시하다, 존경하다, 똑똑하다

1 | _____의 반대말은 _____입니다.

2 | _____의 반대말은 _____입니다.

 다음 〈보기〉의 단어들 중 비슷한 말끼리 묶어 봅시다.

보기

능청스럽다, 홀가분하다, 익히다, 가뿐하다, 단련하다, 천연스럽다

1 | _____의 비슷한 말은 _____입니다.

2 | _____의 비슷한 말은 _____입니다.

3 | _____의 비슷한 말은 _____입니다.

다음 어구를 바르게 읽어 봅시다

곰탕 떼이는 일에	추운 북쪽으로 이동하기 위해	식은 죽 먹기보다	공짜로 얻을 수 있다는 말씀인가요?	선비가 큰 소리로 외치자마자	선비가 말하는 대로	땅을 치며 울음을 터뜨릴 무렵
가만히 앉아서 공부만 하는 걸	가진 것을 아낌없이 나눠 주는 사람이었답니다	때돈을 벌 수 있었다는 생각이	마음이 여수룩한 부자 영감을 때리고	비록 말 못하는 짐승이지만	내려앉을 기미가 보이자	아무리 찾아도 오리가 보이지 않자

- 가진 것을 아낌없이 나눠 주는 사람이었답니다
- 식은 죽 먹기보다
- 마을의 어수룩한 부자 영감을 데리고
- 선비가 큰 소리로 외치자마자
- 아무리 찾아도 오리가 보이지 않자
- 추운 북쪽으로 이동하기 위해
- 마을의 어수룩한 부자 영감을 데리고
- 공짜로 얻을 수 있다는 말씀인가요?
- 내려앉을 기미가 보이자
- 땅을 치며 웃음을 터뜨릴 무렵
- 마을의 어수룩한 부자 영감을 데리고
- 추운 북쪽으로 이동하기 위해
- 가진 것을 아낌없이 나눠 주는 사람이었답니다
- 땅을 치며 웃음을 터뜨릴 무렵
- 내려앉을 기미가 보이자
- 공짜로 얻을 수 있다는 말씀인가요?
- 마을의 어수룩한 부자 영감을 데리고
- 추운 북쪽으로 이동하기 위해
- 가만히 앉아서 글공부만 하는 걸

- 꼴딱 먹이는 일에
- 목돈을 벌 수 있겠다는 생각이
- 식은 죽 먹기보다
- 비록 말 못하는 짐승이지만
- 선비가 말하는 대로
- 가진 것을 아낌없이 나눠 주는 사람이었답니다
- 식은 죽 먹기보다
- 마을의 어수룩한 부자 영감을 데리고
- 선비가 큰 소리로 외치자마자
- 아무리 찾아도 오리가 보이지 않자
- 공짜로 얻을 수 있다는 말씀인가요?
- 마을의 어수룩한 부자 영감을 데리고
- 식은 죽 먹기보다
- 땅을 치며 웃음을 터뜨릴 무렵
- 선비가 말하는 대로
- 비록 말 못하는 짐승이지만
- 마을의 어수룩한 부자 영감을 데리고
- 식은 죽 먹기보다
- 목돈을 벌 수 있겠다는 생각이
- 꼴딱 먹이는 일에

- 가만히 앉아서 글공부만 하는 걸
- 추운 북쪽으로 이동하기 위해
- 마을의 어수룩한 부자 영감을 데리고
- 공짜로 얻을 수 있다는 말씀인가요?
- 내려앉을 기미가 보이자
- 땅을 치며 웃음을 터뜨릴 무렵
- 꼴딱 먹이는 일에
- 목돈을 벌 수 있겠다는 생각이
- 식은 죽 먹기보다
- 비록 말 못하는 짐승이지만
- 선비가 말하는 대로
- 비록 말 못하는 짐승이지만
- 꼴딱 먹이는 일에
- 목돈을 벌 수 있겠다는 생각이
- 아무리 찾아도 오리가 보이지 않자
- 선비가 큰 소리로 외치자마자
- 마을의 어수룩한 부자 영감을 데리고
- 식은 죽 먹기보다
- 가진 것을 아낌없이 나눠 주는 사람이었답니다

옛날 / 큰 강이 흐르는 어느 마을에 / 꾀가 많은 선비가 / 살았습니다. / 선비는 / 글공부만 해서 / 벼슬길로 나가는 다른 선비들과는 / 아주 많이 달랐지요. / 꾀가 많았던 선비는 / 가만히 앉아서 글공부만 하는 걸 / 견디지 못했답니다. / 그래서 / 늘 공부만 하는 다른 선비들을 / 골탕 먹이는 일에 / 흥미를 가졌지요. / 하지만 / 선비는 / 힘없고 가난한 사람들에게는 / 가진 것을 아낌없이 나눠 주는 사람이었답니다. / 뿐만 아니라 / 선비는 / 날마다 / 무술로 몸을 단련하여 / 힘이 아주 강했지요. / 힘이 약한 사람들이 당하는 모습을 보면 / 지나치지 않고 / 항상 도와주었지요. / 그래서 / 힘없고 가난한 사람들에게는 / 나라의 임금님보다도 / 더 큰 존경을 받았답니다. /

어느 날 / 선비는 / 저녁 무렵 / 마을 강가를 거닐며 / 생각에 잠겼습니다. / 그때는 / 입춘이 지나서 / 겨울이 가고 / 봄이 다시 찾아올 무렵이었지요. / 강에는 / 추운 북쪽으로 이동하기 위해 / 잠시 쉬는 청둥오리 떼가 / 많았습니다. / 선비는 / 엄청난 무리의 오리 떼가 / 강에서 날아올라 날아다니는 모습에 / 감탄했습니다. / 한참 동안 / 오리 떼가 하늘로 날아오르고 / 다시 강에 내려앉는 모습을 보았지요. / 문득 / 오리 떼를 팔아서 / 떼돈을 벌 수 있겠다는 생각이 / 떠올랐습니다. /

'곧 있으면 / 이 강을 떠날 오리 떼들을 / 멍청한 선비들에게 팔아야겠다. / 오리 한 마리에 한 푼씩만 받아도 / 그 돈이 / 도대체 얼마야? / 글공부만 하는 멍청한 선비들을 속이는 일이야 / 식은 죽 먹기보다 쉽지.' /

다음 날 / 선비는 / 마을의 어수룩한 부자 영감을 데리고 / 강가로 갔습니다. /

"어젯밤에 / 제가 말씀드린 오리 떼가 / 바로 저 녀석들입니다. / 겨우내 / 먹이를 잘 먹여서 / 아주 통통하게 살이 올랐지요." /

"어허, / 정말 말씀대로 굉장하군요. / 도대체 / 전부 / 몇 마리나 되는지요?" /

"제가 / 어제 / 하나하나 세어 보니까 / 전부 / 칠만 구천 이백 구십칠 마리입니다. / 하지만 / 강에서 날아올라 / 하늘을 날고 있는 오리들도 있으니 / 더 많지요. / 그러니 / 저 오리 떼를 사시면 / 팔만 마리 이상을 가지게 됩니다. / 하지만 / 가격은 / 한 마리에 한 푼씩 쳐서 / 칠만 마리만 받겠습니다. / 평소에 / 영감과 맺어 온 인연을 깊이 생각해서 / 특별히 / 싸게 드리는 겁니다." /

선비는 / 한 번도 / 오리 떼를 세어 본 일이 없지만 / 능청스럽게 대답했습니다. /

"오호, / 그럼 말씀대로라면 / 만 마리를 / 공짜로 얻을 수 있다는 말씀인가요?" /

"영감님과 / 한 마을에서 / 오랫동안 / 함께 지내 온 정이 있으니 / 가능한 일이지요." /

"그런데 말이지요, / 저렇게 많은 오리가 / 정말 / 당신 것이 맞나요?" /

부자 영감은 / 만 마리를 거저 얻는다는 말에 / 갑자기 / 의심이 생겼습니다. /

"물론이지요, / 저 녀석들이 / 비록 말 못하는 짐승이지만 / 주인을 척하고 알아본답니다." /

선비가 / 오리 떼가 몰려 있는 강가에 다가가서 / 손뼉을 치며 외쳤습니다. /

"내 사랑하는 오리들아, / 너희의 힘찬 날갯짓을 보여 주자, / 날아라! / 어서 날아라!" /

선비가 큰 소리로 외치자마자 / 오리 떼들이 일제히 푸드득거리며 / 하늘로 힘차게 날아올랐습니다. / 그러고는 조금 있다가 / 오리 떼들이 내려앉을 기미가 보이자 / 다시 외쳤습니다. /

"내 사랑하는 오리들아, / 이제는 / 강으로 내려와 / 편히 쉬어라, / 어서 내려앉아라!" /

또 선비의 말을 끝나자마자 / 오리 떼들이 / 일제히 / 우르르 강으로 내려앉았습니다. /

부자 영감은 / 선비가 말하는 대로 / 오리들이 움직이는 것을 보고 / 감탄했습니다. /

"과연 당신의 말씀대로 / 비록 하찮은 짐승이지만 / 귀신같이 주인의 말을 알아듣는군요." /

이리하여 / 부자 영감은 / 선비의 말에 홀랑 넘어가서 / 오리를 사게 되었지요. / 선비는 / 한 마리에 한 푼씩 받아 챙기고는 / 마을을 당장 떠나 버렸습니다. / 다음 날 아침, / 부자 영감은 / 오리 떼를 보러 / 강가로 나갔습니다. / 하지만 / 팔만 마리나 된다던 오리가 / 단 한 마리도 보이지 않았습니다. / 부자 영감은 / 속이 타서 / 강줄기를 따라 오르내리며 / 오리 떼를 찾았습니다. / 하지만 / 오리 떼는 / 봄이 찾아오는 마을을 떠나 / 추운 북쪽으로 떠나 버렸지요. / 아무리 찾아도 오리가 보이지 않자 / 영감은 / 선비에게 속은 것을 알았습니다. / 영감이 / 땅을 치며 울음을 터뜨릴 무렵 / 선비는 / 이웃 마을로 갔습니다. / 오리를 팔고 받은 돈 전부를 / 이웃 마을 가난한 사람들에게 / 나눠 주었지요. / 그러고는 / 홀가분한 마음으로 / 가볍게 짐을 챙겨 / 다시 어디론가 길을 떠났습니다. /

6 이야기 지도 사용하여 글 읽고 이해하기: 인물, 시장, 사건, 끝을 기억하며 글의 내용 파악하기

'이야기 지도(인물, 시장, 사건, 끝)'를 사용하여 글의 내용을 파악해 봅시다

엉터리 장사꾼

   옛날 큰 강이 흐르는 어느 마을에 꾀가 많은 선비가 살았습니다. 선비는 글공부만 해서 벼슬길로 나가는 다른 선비들과는 아주 많이 달랐지요. 꾀가 많았던 선비는 가만히 앉아서 글공부만 하는 걸 견디지 못했답니다. 그래서 늘 공부만 하는 다른 선비들을 골탕 먹이는 일에 흥미를 가졌지요. 하지만 선비는 힘없고 가난한 사람들에게는 가진 것을 아낌없이 나눠 주는 사람이었답니다. 뿐만 아니라 선비는 날마다 무술로 몸을 단련하여 힘이 아주 강했지요. 힘이 약한 사람들이 당하는 모습을 보면 지나치지 않고 항상 도와주었지요. 그래서 힘없고 가난한 사람들에게는 나라의 임금님보다도 더 큰 존경을 받았답니다.

   어느 날 선비는 저녁 무렵 마을 강가를 거닐며 생각에 잠겼습니다. 그때는 입춘이 지나서 겨울이 가고 봄이 다시 찾아올 무렵이었지요. 강에는 추운 북쪽으로 이동하기 위해 잠시 쉬는 청둥오리 떼가 많았습니다. 선비는 엄청난 무리의 오리 떼가 강에서 날아올라 날아다니는 모습에 감탄했습니다. 한참 동안 오리 떼가 하늘로 날아오르고 다시 강에 내려앉는 모습을 보았지요. 문득 오리 떼를 팔아서 떼돈을 벌 수 있겠다는 생각이 떠올랐습니다.

   '곧 있으면 이 강을 떠날 오리 떼들을 멍청한 선비들에게 팔아야겠다. 오리 한 마리에 한 푼씩만 받아도 그 돈이 도대체 얼마야? 글공부만 하는 멍청한 선비들을 속이는 일이야 식은 죽 먹기보다 쉽지.'

   다음 날 선비는 마을의 어수룩한 부자 영감을 데리고 강가로 갔습니다.

"어젯밤에 제가 말씀드린 오리 떼가 바로 저 녀석들입니다. 겨우내 먹이를 잘 먹어서 배가 아주 통통하게 살이 올랐지요."

"어허, 정말 말씀대로 굉장하군요. 도대체 전부 몇 마리나 되는지요?"

"제가 어제 하나하나 세어 보니까 전부 칠만 구천 이백 구십칠 마리입니다. 하지만 강에서 날아올라 하늘을 날고 있는 오리들도 있으니 더 많지요. 그러니 저 오리 떼를 사시면 팔만 마리 이상을 가지게 됩니다. 하지만 가격은 한 마리에 한 푼씩 쳐서 칠만 마리만 받겠습니다. 평소에 영감과 맺어 온 인연을 깊이 생각해서 특별히 싸게 드리는 겁니다."

선비는 한 번도 오리 떼를 세어 본 일이 없지만 능청스럽게 대답했습니다.

"오호, 그럼 말씀대로라면 만 마리를 공짜로 얻을 수 있다는 말씀인가요?"

"영감님과 한 마을에서 오랫동안 함께 지내 온 정이 있으니 가능한 일이지요."

"그런데 말이지요, 저렇게 많은 오리가 정말 당신 것이 맞나요?"

부자 영감은 만 마리를 거저 얻는다는 말에 갑자기 의심이 생겼습니다.

"물론이지요, 저 녀석들이 비록 말 못하는 짐승이지만 주인을 척하고 알아본답니다."

선비가 오리 떼가 몰려 있는 강가에 다가가서 손뼉을 치며 외쳤습니다.

"내 사랑하는 오리들아, 너희의 힘찬 날갯짓을 보여 주자, 날아라! 어서 날아라!"

선비가 큰 소리로 외치자마자 오리 떼들이 일제히 푸드득거리며 하늘로 힘차게 날아올랐습니다. 그러고는 조금 있다가 오리 떼들이 내려앉을 기미가 보이자 다시 외쳤습니다.

"내 사랑하는 오리들아, 이제는 강으로 내려와 편히 쉬어라, 어서 내려앉아라!"

또 선비의 말을 끝나자마자 오리 떼들이 일제히 우르르 강으로 내려앉았습니다. 부자 영감은 선비가 말하는 대로 오리들이 움직이는 것을 보고 감탄했습니다.

"과연 당신의 말씀대로 비록 하찮은 짐승이지만 귀신같이 주인의 말을 알아듣는군요."

이리하여 부자 영감은 선비의 말에 홀랑 넘어가서 오리를 사게 되었지요. 선비는 한 마리에 한 푼씩 받아 챙기고는 마을을 당장 떠나 버렸습니다. 다음 날 아침, 부자 영감은 오리 떼를 보러 강가로 나갔습니다. 하지만 팔만 마리나 된다던 오리가 단 한 마리도 보이지 않았습니다. 부자 영감은 속이 타서 강줄기를 따라 오르내리며 오리 떼를 찾았습니다. 하지만 오리 떼는 봄이 찾아오는 마을을 떠나 추운 북쪽으로 떠나 버렸지요. 아무리 찾아도 오리가 보이지 않자 영감은 선비에게 속은 것을 알았습니다. 영감이 땅을 치며 울음을 터뜨릴 무렵 선비는 이웃 마을로 갔습니다. 오리를 팔고 받은 돈 전부를 이웃 마을 가난한 사람들에게 나눠 주었지요. 그러고는 홀가분한 마음으로 가볍게 짐을 챙겨 다시 어디론가 길을 떠났습니다.

제목: 엉터리 장사꾼

1 　**인물**　이야기에 등장하는 인물은 누구인가요?

2 　**시간과 장소**　언제, 어디에서 일어난 이야기인가요?

시간:

장소:

3 　**사건들**　인물에게 어떤 일들이 일어났나요? 일이 어떠한 차례로 일어났나요?

4 　**끝**　이야기가 어떻게 끝났나요?

7 글의 주제 알기

글의 주제를 알아봅시다

글의 주제는 글쓴이가 읽는 이에게 말하고자 하는 생각 또는 의견입니다. 글의 주제는 '~하자. 해야 한다' 또는 '~하지 말자. 하지 말아야 한다'로 만들 수 있습니다.

'엉터리 장사꾼'을 읽고, 글의 주제를 써 봅시다.

_____

_____

_____

읽기유창성

지시문

앞에 있는 종이에 글이 있어요. 이제 선생님이 "시작"이라고 하면(학생용 평가지의 첫 어절을 손가락으로 가리킨 후, 계속 훑으면서) 처음부터 읽기 시작해서 "그만"이라고 할 때까지 최대한 정확하게, 그리고 최대한 빨리 읽으세요. 글을 읽다가 모르는 글자가 나오면 선생님이 어떻게 해야 할지 알려 줄게요. 최선을 다하세요. 질문 있어요? (질문이 있으면 질문에 대답한다.) 준비, 시작. (학생이 첫 어절을 말함과 동시에 타이머를 누르고 1분간 학생의 반응을 기록한 뒤 1분이 지나면 "그만"이라고 말한다.)

옛날 큰 강이 흐르는 어느 마을에 꾀가 많은 선비가 살았습니다. 선비는 글공부만 해서 벼슬길로 나가는 다른 선비들과는 아주 많이 달랐지요. 꾀가 많았던 선비는 가만히 앉아서 글공부만 하는 걸 견디지 못했답니다. 그래서 늘 공부만 하는 다른 선비들을 골탕 먹이는 일에 흥미를 가졌지요. 하지만 선비는 힘없고 가난한 사람들에게는 가진 것을 아낌없이 나눠 주는 사람이었답니다. 뿐만 아니라 선비는 날마다 무술로 몸을 단련하여 힘이 아주 강했지요. 힘이 약한 사람들이 당하는 모습을 보면 지나치지 않고 항상 도와주었지요. 그래서 힘없고 가난한 사람들에게는 나라의 임금님보다도 더 큰 존경을 받았답니다.

어느 날 선비는 저녁 무렵 마을 강가를 거닐며 생각에 잠겼습니다. 그때는 입춘이 지나서 겨울이 가고 봄이 다시 찾아올 무렵이었지요. 강에는 추운 북쪽으로 이동하기 위해 잠시 쉬는 청둥오리 떼가 많았습니다. 선비는 엄청난 무리의 오리 떼가 강에서 날아올라 날아다니는 모습에 감탄했습니다. 한참 동안 오리 떼가 하늘로 날아오르고 다시 강에 내려앉는 모습을 보았지요. 문득 오리 떼를 팔아서 떼돈을 벌 수 있겠다는 생각이 떠올랐습니다.

'곧 있으면 이 강을 떠날 오리 떼들을 멍청한 선비들에게 팔아야겠다. 오리 한 마리에 한 푼씩만 받아도 그 돈이 도대체 얼마야? 글공부만 하는 멍청한 선비들을 속이는 일이야 식은 죽 먹기보다 쉽지.'

다음 날 선비는 마을의 어수룩한 부자 영감을 데리고 강가로 갔습니다.

"어젯밤에 제가 말씀드린 오리 떼가 바로 저 녀석들입니다. 겨우내 먹이를 잘 먹여서 배가 아주 통통하게 살이 올랐지요."

"어허, 정말 말씀대로 굉장하군요. 도대체 전부 몇 마리나 되는지요?"

"제가 어제 하나하나 세어 보니까 전부 칠만 구천 이백 구십칠 마리입니다. 하지만 강에서 날아올라 하늘을 날고 있는 오리들도 있으니 더 많지요. 그러니 저 오리 떼를 사시면 팔만 마리 이상을 가지게 됩니다. 하지만 가격은 한 마리에 한 푼씩 쳐서 칠만 마리만 받겠습니다. 평소에 영감과 맺어 온 인연을 깊이 생각해서 특별히 싸게 드리는 겁니다."

선비는 한 번도 오리 떼를 세어 본 일이 없지만 능청스럽게 대답했습니다.

"오호, 그럼 말씀대로라면 만 마리를 공짜로 얻을 수 있다는 말씀인가요?"

"영감님과 한 마을에서 오랫동안 함께 지내 온 정이 있으니 가능한 일이지요."

"그런데 말이지요, 저렇게 많은 오리가 정말 당신 것이 맞나요?"

부자 영감은 만 마리를 거저 얻는다는 말에 갑자기 의심이 생겼습니다.

"물론이지요, 저 녀석들이 비록 말 못하는 짐승이지만 주인을 척하고 알아본답니다."

선비가 오리 떼가 몰려 있는 강가에 다가가서 손뼉을 치며 외쳤습니다.

"내 사랑하는 오리들아, 너희의 힘찬 날갯짓을 보여 주자, 날아라! 어서 날아라!"

선비가 큰 소리로 외치자마자 오리 떼들이 일제히 푸드득거리며 하늘로 힘차게 날아올랐습니다. 그러고는 조금 있다가 오리 떼들이 내려앉을 기미가 보이자 다시 외쳤습니다.

"내 사랑하는 오리들아, 이제는 강으로 내려와 편히 쉬어라, 어서 내려앉아라!"

또 선비의 말을 끝나자마자 오리 떼들이 일제히 우르르 강으로 내려앉았습니다. 부자 영감은 선비가 말하는 대로 오리들이 움직이는 것을 보고 감탄했습니다.

"과연 당신의 말씀대로 비록 하찮은 짐승이지만 귀신같이 주인의 말을 알아듣는군요."

이리하여 부자 영감은 선비의 말에 홀랑 넘어가서 오리를 사게 되었지요. 선비는 한 마리에 한 푼씩 받아 챙기고는 마을을 당장 떠나 버렸습니다. 다음 날 아침, 부자 영감은 오리 떼를 보러 강가로 나갔습니다. 하지만 팔만 마리나 된다던 오리가 단 한 마리도 보이지 않았습니다. 부자 영감은 속이 타서 강줄기를 따라 오르내리며 오리 떼를 찾았습니다. 하지만 오리 떼는 봄이 찾아오는 마을을 떠나 추운 북쪽으로 떠나 버렸지요. 아무리 찾아도 오리가 보이지 않자 영감은 선비에게 속은 것을 알았습니다. 영감이 땅을 치며 울음을 터뜨릴 무렵 선비는 이웃 마을로 갔습니다. 오리를 팔고 받은 돈 전부를 이웃 마을 가난한 사람들에게 나눠 주었지요. 그러고는 홀가분한 마음으로 가볍게 짐을 챙겨 다시 어디론가 길을 떠났습니다.

🎓 읽기유창성 점수: _____

▶ 사전평가와 사후평가의 지문은 학지사 홈페이지(http://www.hakjisa.co.kr)에서 내려받을 수 있습니다.

읽기이해

다음 질문에 **최대한 자세히** 답을 써 주세요.
(※ 쓰는 것이 어려운 학생의 경우, 구두로 답하도록 하세요.)

1 이야기에 나오는 중심인물은 누구인가요? 두 사람을 써 보세요.

2 언제, 어디에서 있었던 일인가요?

1) 언제:

2) 어디서:

3 선비는 왜 가난한 사람에게 존경을 받았나요?

4 선비는 어떻게 떼돈을 벌게 되었나요?

5 다음 날 부자 영감이 오리 떼를 보러 강가로 나갔을 때 어떤 일이 있었나요?

6 오리 떼가 떠난 까닭은 무엇일까요?

7 이야기에 나오는 부자 영감의 마음은 어떠하였을까요? 그것을 어떻게 알 수 있는지 글에서 찾아 써 보세요.

1) 부자 영감의 마음은 어떠하였을까요?

2) 그것을 어떻게 알 수 있나요?

6. 유리병 속의 난쟁이 세상

학◇습◇목◇표

🏫 글을 읽을 때, 적당한 부분에서 글을 빠르고 정확하게 끊어 읽을 수 있다.

🏫 글을 읽고, 글의 중심내용과 글의 주제를 파악할 수 있다.

사◇전◇평◇가

> **지시문**
>
> 앞에 있는 종이에 글이 있어요. 이제 선생님이 "시작"이라고 하면(학생용 평가지의 첫 어절을 손가락으로 가리킨 후, 계속 훑으면서) 처음부터 읽기 시작해서 "그만"이라고 할 때까지 최대한 정확하게, 그리고 최대한 빨리 읽으세요. 글을 읽다가 모르는 글자가 나오면 선생님이 어떻게 해야 할지 알려 줄게요. 최선을 다하세요. 질문 있어요? (질문이 있으면 질문에 대답한다.) 준비, 시작. (학생이 첫 어절을 말함과 동시에 타이머를 누르고 1분간 학생의 반응을 기록한 뒤 1분이 지나면 "그만"이라고 말한다.)

옛날 어느 깊은 산골마을에 한 할아버지가 홀로 외롭게 살아가고 있었습니다. 젊어서는 아내를 잃고 늙어서는 자식들마저 먼저 저 세상으로 보내고 말았지요. 그렇다고 재산이 많은 것도 아니고 변변한 땅이 있는 것도 아니었습니다. 재주라고는 짚신을 만드는 것뿐이라서 겨우 입에 풀칠하며 근근이 먹고살았답니다.

하루는 할아버지가 장터에 나가 짚신을 팔고 있는데 웬 스님이 다가왔습니다.

"노인장, 소승이 목이 몹시 마르니 물 한 그릇만 떠다 주시오."

할아버지가 스님을 보아 하니 손발이 멀쩡하고 나이도 자신보다 훨씬 어려 보였답니다. 보통 사람 같았으면 "당신은 손이 없소? 발이 없소?" 하며 따졌겠지요. 하지만 할아버지는 자신보다 어린 스님에게 면박을 주지 않고 우물을 찾았습니다. 멀리 떨어진 우물까지 달려가 물 한 바가지를 떠서 스님에게 주었답니다. 어찌나 서둘러 물을 떠서 돌아왔는지 할아버지의 넓은 이마엔 땀방울이 맺혔지요. 스님은 할아버지가 떠 준 물을 벌컥벌컥 달게 마시고는 선물을 주었습니다.

"가진 게 이것밖에 없어 그러니 우습게 생각 마시고 받아 주세요."

스님은 바랑 속에 넣었던 조그마한 병 하나를 꺼내 할아버지께 드렸습니다. 할아버지가 병을 받아서 자세히 살펴보니 아무것도 안 든 빈 병이었지요. 그래도 할아버지는 스님 정성이라 생각하고 병을 소중하게 품 안에 챙겨 넣었습니다.

그날 집으로 돌아와서 병을 머리맡에 두고 깊은 잠에 들었습니다. 그런데 잠결에 어디선가 흥겨운 노랫소리가 크게 들려 할아버지는 잠에서 깨어났답니다. 잠자리에서 일어나 이리저리 살펴보니 그 노랫소리가 병 속에서 들리는 것이었어요. 너무 신기해서 병 속을 자세히 들여다보니 마법 같은 일이 일어났습니다.

다른 게 아니라 그 조그마한 병 속에 온갖 게 다 있었습니다. 집도 있고, 사람도 있고, 장터도 있고, 산도 있고, 바다도 있었답니다. 그런데 그 모든 것이 죄다 조그마해서 마치 개미 세상 같았습니다.

할아버지가 하도 신기해서 물끄러미 들여다보니까 병 속에서 작은 사내아이가 나왔습니다. 병 밖으로 나오자마자 스르르 몸이 커져서 보통 사람 몸집만 해졌지요. 푸른 옷을 입은 사내아이는 할아버지께 꾸벅 절을 하더니 말을 했습니다.

"저는 할아버지를 병 속의 난쟁이 세상으로 잘 모시기 위해 파견되었습니다."

"내가 이렇게 큰 몸집으로 어떻게 저 병 속으로 들어간단 말이냐?"

사내아이는 할아버지에게 그런 걱정은 하지 말라며 할아버지를 향해 입김을 불었습니다. 사내아이의 입김이 닿자마자 할아버지 몸집이 점점 작아지더니 금세 개미만큼 작아졌습니다. 사내아이도 다시 몸집이 작아져 할아버지를 데리고 병 속으로 쏙 들어갔습니다.

할아버지가 병 속 세상으로 들어가 보니 이보다 더 좋은 세상이 없었습니다. 날씨는 춥지도 않고 덥지도 않고 맑았으며, 바람은 산들산들 적당히 불었지요. 곳곳에는 맛있는 음식이 그득했고, 어딜 가나 마음씨 좋은 사람들만 있었답니다.

할아버지는 신나게 이곳저곳 다니며 경치구경도 하고, 맛난 음식도 배불리 먹었습니다. 그렇게 근심 걱정 없이 며칠을 쉬다 할아버지는 바깥세상으로 나오고 싶어졌습니다. 할아버지가 밖으로 나가야겠다고 하니까 푸른 옷을 입은 사내아이가 다시 나타났습니다. 사내아이는 할아버지를 병 밖으로 이끌고 나와 예전 몸집으로 돌아가게 해 주었습니다. 사내아이는 할아버지께 큰절을 한 뒤 다시 병 속으로 들어갔습니다.

그런데 할아버지가 병 밖으로 나와 보니 원래 살던 집이 사라졌습니다. 집뿐만 아니라 사람들도 죄다 예전에는 보지 못했던 낯선 사람들뿐이었지요. 할아버지는 이상해서 사람들에게 은근슬쩍 자신의 이름을 대고 혹시 아느냐고 물었습니다. 사람들은 할아버지 이름을 듣더니 자신의 고조 할아버지 때 사람이라고 말했습니다. 알고 보니 병 속에 있던 며칠 사이에 바깥세상은 백 년이 흘렀던 것입니다.

할아버지는 자신을 알고 있는 자손들과 함께 다시 바깥세상에서 행복하게 살아갔습니다. 할아버지는 그 뒤에도 오래오래 살아서 또 백 살을 더 살았습니다. 그런데 할아버지를 순식간에 백 살을 살게 만들었던 유리병은 어디론가 사라져 버리고 없어졌답니다. 그래서 할아버지는 죽는 순간까지 예전에 보았던 유리병 속의 난쟁이 세상을 그리워했답니다.

1 단어를 빠르고 정확하게 읽기

다음 단어를 바르게 읽어 봅시다

젊어서는	잃고
늙어서는	변변한
근근이	소승이
면박을	맺혔지요
바랑	파견되었습니다
그득했고	낯선
단련하여	

▶ 이 페이지의 내용은 복사하거나 학지사 홈페이지(http://www.hakjisa.co.kr)에서 내려받아 사용하세요!

젊어서는	잃고	늙어서는	변변한	근근이
소승이	면박을	맺혔지요	바랑	파견되었습니다
그득했고	낯선	단련하여	맺혔지요	젊어서는
맺혔지요	잃고	낯선	바랑	단련하여
늙어서는	바랑	그득했고	파견되었습니다	변변한
그득했고	잃고	낯선	젊어서는	낯선
단련하여	그득했고	소승이	잃고	맺혔지요
변변한	파견되었습니다	근근이	바랑	늙어서는
면박을	젊어서는	단련하여	낯선	그득했고
파견되었습니다	바랑	맺혔지요	면박을	소승이
근근이	변변한	늙어서는	잃고	젊어서는

▶ 이 페이지의 내용은 복사하거나 학지사 홈페이지(http://www.hakjisa.co.kr)에서 내려받아 사용하세요!

2 어휘의 뜻 알아보기

다음 단어를 알아봅시다

📖 예시문을 읽고, 내가 생각하는 단어의 뜻을 써 봅시다.

_____

📖 올바른 단어의 뜻을 써 봅시다.

_____

정의

변변하다

예시문 그렇다고 재산이 많은 것도 아니고 변변한 땅이 있는 것도 아니었습니다.

비슷한 말

- _____
- _____
- _____

문장
만들기

📖 비슷한 말을 넣어서 문장을 완성해 봅시다.

그렇다고 재산이 많은 것도 아니고 _____ 땅이 있는 것도 아니었습니다.

📖 새로운 문장을 만들어 써 봅시다.

_____

도전문제

'변변한 가구 하나 없다'라는 말은 무슨 뜻인가요?

_____

_____

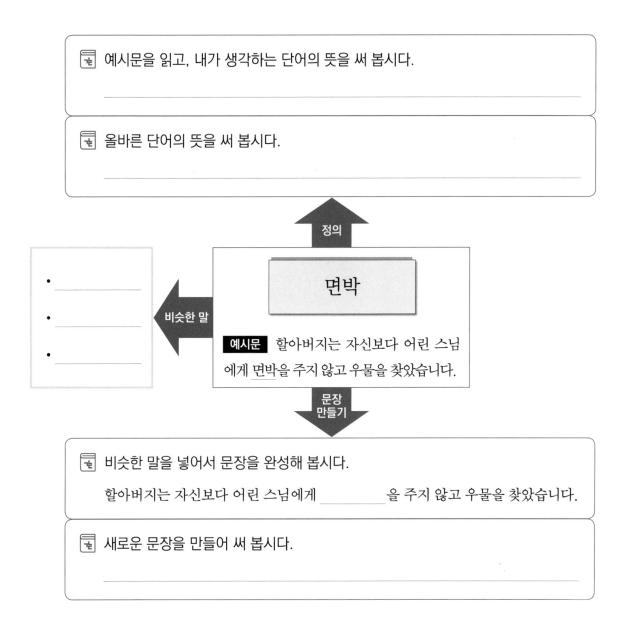

📖 예시문을 읽고, 내가 생각하는 단어의 뜻을 써 봅시다.

_____

📖 올바른 단어의 뜻을 써 봅시다.

_____

정의

면박

· _____
· _____
· _____

비슷한 말

예시문 할아버지는 자신보다 어린 스님에게 면박을 주지 않고 우물을 찾았습니다.

문장
만들기

📖 비슷한 말을 넣어서 문장을 완성해 봅시다.

할아버지는 자신보다 어린 스님에게 _____을 주지 않고 우물을 찾았습니다.

📖 새로운 문장을 만들어 써 봅시다.

_____

도전문제

누군가에게 면박을 당한 적이 있나요? 무엇 때문에 면박을 당했나요?

_____

_____

📑 예시문을 읽고, 내가 생각하는 단어의 뜻을 써 봅시다.

_____

📑 올바른 단어의 뜻을 써 봅시다.

_____

↑ 정의

파견되다

예시문 저는 할아버지를 병 속의 난쟁이 세상으로 잘 모시기 위해 파견되었습니다.

↓ 문장 만들기

📑 새로운 문장을 만들어 써 봅시다.

_____

 도전문제

문장에 맞게 단어가 사용되었는지 생각해 봅시다.

◆ 그는 의료 전도사로 남아프리카에 파견되어 활동하였다.

　　예 (　　)　　아니요 (　　)　　왜 그렇다고 생각하나요? _____

◆ 사건 현장에 두 명의 기자가 파견되었다.

　　예 (　　)　　아니요 (　　)　　왜 그렇다고 생각하나요? _____

📖 예시문을 읽고, 내가 생각하는 단어의 뜻을 써 봅시다.

_____

📖 올바른 단어의 뜻을 써 봅시다.

_____

정의

자손

예시문 할아버지는 자신을 알고 있는 자손들과 함께 다시 바깥세상에서 행복하게 살아갔습니다.

비슷한 말
- _____
- _____
- _____

반대말
- _____
- _____
- _____

문장 만들기

📖 비슷한 말을 넣어서 문장을 완성해 봅시다.

할아버지는 자신을 알고 있는 _____들과 함께 다시 바깥세상에서 행복하게 살아갔습니다.

📖 새로운 문장을 만들어 써 봅시다.

_____

도전문제

나는 누구의 자손인가요?

_____

_____

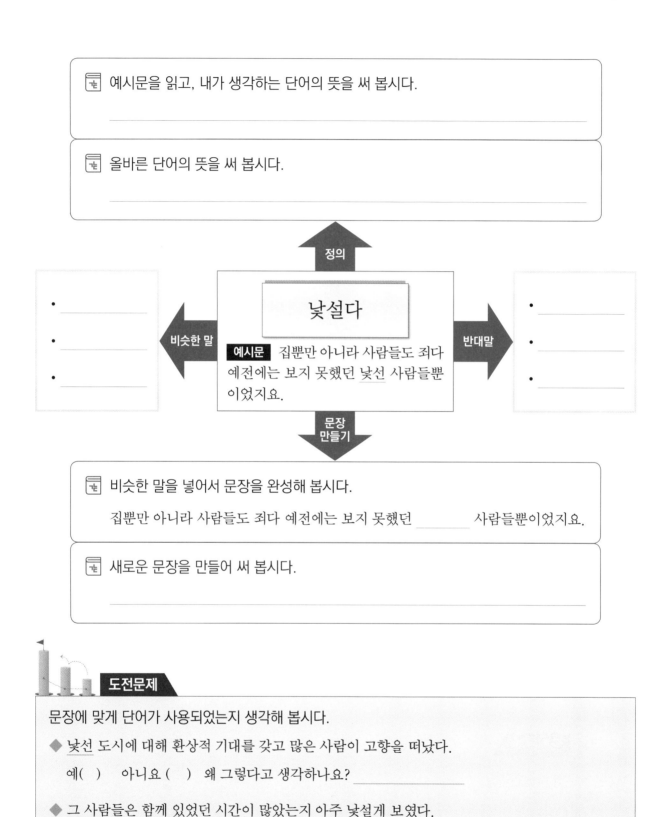

📖 예시문을 읽고, 내가 생각하는 단어의 뜻을 써 봅시다.

_____

📖 올바른 단어의 뜻을 써 봅시다.

_____

정의

낯설다

예시문 집뿐만 아니라 사람들도 죄다 예전에는 보지 못했던 <u>낯선</u> 사람들뿐 이었지요.

비슷한 말
- _____
- _____
- _____

반대말
- _____
- _____
- _____

문장 만들기

📖 비슷한 말을 넣어서 문장을 완성해 봅시다.

집뿐만 아니라 사람들도 죄다 예전에는 보지 못했던 _____ 사람들뿐이었지요.

📖 새로운 문장을 만들어 써 봅시다.

_____

도전문제

문장에 맞게 단어가 사용되었는지 생각해 봅시다.

◆ <u>낯선</u> 도시에 대해 환상적 기대를 갖고 많은 사람이 고향을 떠났다.

  예( )   아니요( )   왜 그렇다고 생각하나요? _____

◆ 그 사람들은 함께 있었던 시간이 많았는지 아주 <u>낯설게</u> 보였다.

  예( )   아니요( )   왜 그렇다고 생각하나요? _____

예시문을 읽고, 내가 생각하는 단어의 뜻을 써 봅시다.

_____

올바른 단어의 뜻을 써 봅시다.

_____

정의 ↑

근근이

비슷한 말 ←

- _____
- _____
- _____

예시문 재주라고는 짚신을 만드는 것뿐이라서 겨우 입에 풀칠하며 근근이 먹고살았답니다.

문장 만들기 ↓

비슷한 말을 넣어서 문장을 완성해 봅시다.

재주라고는 짚신을 만드는 것뿐이라서 겨우 입에 풀칠하며 _____

먹고살았답니다.

새로운 문장을 만들어 써 봅시다.

_____

도전문제

문장에 맞게 단어가 사용되었는지 생각해 봅시다.

◆ 그녀는 삯바느질을 하여 근근이 살림을 꾸려 나갔다.

　예 (　) 　아니요 (　) 　왜 그렇다고 생각하나요? _____

◆ 그는 전쟁 동안 전주 근처에서 근근이 피난살이를 하였다.

　예 (　) 　아니요 (　) 　왜 그렇다고 생각하나요? _____

📖 다음 <보기>의 단어와 비슷한 말 짝이 되는 단어를 찾아서 동그라미 치세요.

1 |

보**기**
낯선

1) 친숙한   2) 낯익은   3) 생소한

2 |

보**기**
자손

1) 조상   2) 후손   3) 선조

📖 다음 문장에 맞게 단어가 사용되었는지 생각해 봅시다.

1 | 그는 일솜씨가 서툴러 다른 직원 앞에서 자주 면박을 받았다.

예 (   )   아니요 (   )   왜 그렇다고 생각하나요? _____

2 | 그의 업적은 자손 대대로 내려가면서 기릴 만한 훌륭한 일이다.

예 (   )   아니요 (   )   왜 그렇다고 생각하나요? _____

3 | 우리는 자손의 뜻을 이어받아 새로운 문화를 창조해야 한다.

예 (   )   아니요 (   )   왜 그렇다고 생각하나요? _____

4 | 변변한 작품 하나 쓰지 못한 나에게는 작가라는 말이 부끄러웠다.

예 (   )   아니요 (   )   왜 그렇다고 생각하나요? _____

다음 어구를 바르게 읽어 봅시다

자신보다 어린 스님에게

멀리 떨어진 우물까지 달려가

마치 개미 세상 같았습니다

그런 걱정은 하지 말라며

밖으로 나가야겠다고 하니까

혹시 아느냐고 물었습니다

배 산을 실제 만들었던 유리병은

짚신을 만드는 것뿐이라서

면박을 주지 않고

다른 게 아니다

뻥 밖으로 나오자마자

사내아이의 임김이 닿자마자

짚뿐만 아니다

자신의 고조 할아버지 때 사람이라고

다음 어구/절들을 빠르고 정확하게 읽어 봅시다

짚신을 만드는 것뿐이라서	자신보다 어린 스님에게	면박을 주지 않고
멀리 떨어진 우물까지 달려가	다른 게 아니라	마치 개미 세상 같았습니다
병 밖으로 나오자마자	그런 걱정은 하지 말라며	사내아이의 입김이 닿자마자
밖으로 나가야겠다고 하니까	집뿐만 아니라	혹시 아느냐고 물었습니다
자신의 고조 할아버지 때 사람이라고	백 살을 살게 만들었던 유리병은	병 밖으로 나오자마자
그런 걱정은 하지 말라며	밖으로 나가야겠다고 하니까	자신의 고조 할아버지 때 사람이라고
혹시 아느냐고 물었습니다	사내아이의 입김이 닿자마자	집뿐만 아니라
병 밖으로 나오자마자	짚신을 만드는 것뿐이라서	다른 게 아니라
면박을 주지 않고	자신보다 어린 스님에게	멀리 떨어진 우물까지 달려가
마치 개미 세상 같았습니다	면박을 주지 않고	짚신을 만드는 것뿐이라서
자신보다 어린 스님에게	마치 개미 세상 같았습니다	멀리 떨어진 우물까지 달려가
다른 게 아니라	사내아이의 입김이 닿자마자	병 밖으로 나오자마자
그런 걱정은 하지 말라며	혹시 아느냐고 물었습니다	밖으로 나가야겠다고 하니까
집뿐만 아니라	멀리 떨어진 우물까지 달려가	백 살을 살게 만들었던 유리병은
백 살을 살게 만들었던 유리병은	마치 개미 세상 같았습니다	자신의 고조 할아버지 때 사람이라고
혹시 아느냐고 물었습니다	집뿐만 아니라	밖으로 나가야겠다고 하니까
사내아이의 입김이 닿자마자	그런 걱정은 하지 말라며	병 밖으로 나오자마자
마치 개미 세상 같았습니다	다른 게 아니라	멀리 떨어진 우물까지 달려가
면박을 주지 않고	자신보다 어린 스님에게	짚신을 만드는 것뿐이라서

▶ 이 페이지의 내용은 복사하거나 학지사 홈페이지(http://www.hakjisa.co.kr)에서 내려받아 사용하세요!

다음 글을 / 표시된 곳에서 끊어 읽어 봅시다. 읽을 때 빠르고 정확하게 읽도록 합시다

옛날 / 어느 깊은 산골마을에 / 한 할아버지가 / 홀로 외롭게 살아가고 있었습니다. / 젊어서는 아내를 잃고 / 늙어서는 자식들마저 / 먼저 / 저 세상으로 보내고 말았지요. / 그렇다고 / 재산이 많은 것도 아니고 / 변변한 땅이 있는 것도 아니었습니다. / 재주라고는 / 짚신을 만드는 것뿐이라서 / 겨우 입에 풀칠하며 / 근근이 먹고 살았답니다. /

하루는 / 할아버지가 / 장터에 나가 / 짚신을 팔고 있는데 / 웬 스님이 / 다가왔습니다. /

"노인장, / 소승이 / 목이 몹시 마르니 / 물 한 그릇만 / 떠다 주시오." /

할아버지가 스님을 보아 하니 / 손발이 멀쩡하고 / 나이도 자신보다 훨씬 어려 보였답니다. / 보통 사람 같았으면 / "당신은 손이 없소? 발이 없소?" 하며 / 따졌겠지요. / 하지만 / 할아버지는 / 자신보다 어린 스님에게 / 면박을 주지 않고 / 우물을 찾았습니다. / 멀리 떨어진 우물까지 달려가 / 물 한 바가지를 떠서 / 스님에게 주었답니다. / 어찌나 서둘러 물을 떠서 돌아왔는지 / 할아버지의 넓은 이마엔 / 땀방울이 맺혔지요. / 스님은 / 할아버지가 떠 준 물을 / 벌컥벌컥 달게 마시고는 / 선물을 주었습니다. /

"가진 게 / 이것밖에 없어 그러니 / 우습게 생각 마시고 / 받아 주세요." /

스님은 / 바랑 속에 넣었던 / 조그마한 병 하나를 꺼내 / 할아버지께 드렸습니다. / 할아버지가 / 병을 받아서 / 자세히 살펴보니 / 아무것도 안 든 빈 병이었지요. / 그래도 할아버지는 / 스님 정성이라 생각하고 / 병을 / 소중하게 품 안에 / 챙겨 넣었습니다. /

그날 집으로 돌아와서 / 병을 머리맡에 두고 / 깊은 잠에 들었습니다. / 그런데 / 잠결에 / 어디선가 / 흥겨운 노랫소리가 크게 들려 / 할아버지는 잠에서 깨어났답니다. / 잠자리에서 일어나 / 이리저리 살펴보니 / 그 노랫소리가 / 병 속에서 들리는 것이었어요. / 너무 신기해서 / 병 속을 자세히 들여다보니 / 마법 같은 일이 일어났습니다. /

다른 게 아니라 / 그 조그마한 병 속에 / 온갖 게 / 다 있었습니다. / 집도 있고, / 사람도 있고, / 장터도 있고, / 산도 있고, / 바다도 있었답니다. / 그런데 / 그 모든 것이 / 죄다 조그마해서 / 마치 개미 세상 같았습니다. /

할아버지가 / 하도 신기해서 / 물끄러미 들여다보니까 / 병 속에서 / 작은 사내아이가 나

왔습니다. / 병 밖으로 나오자마자 / 스르르 몸이 커져서 / 보통 사람 몸집만 해졌지요. / 푸른 옷을 입은 사내아이는 / 할아버지께 / 꾸벅 절을 하더니 / 말을 했습니다. /

"저는 / 할아버지를 / 병 속의 난쟁이 세상으로 / 잘 모시기 위해 파견되었습니다." /

"내가 / 이렇게 큰 몸집으로 / 어떻게 / 저 병 속으로 들어간단 말이냐?" /

사내아이는 / 할아버지에게 / 그런 걱정은 하지 말라며 / 할아버지를 향해 / 입김을 불었습니다. / 사내아이의 입김이 닿자마자 / 할아버지 몸집이 점점 작아지더니 / 금세 개미만큼 작아졌습니다. / 사내아이도 다시 몸집이 작아져 / 할아버지를 데리고 / 병 속으로 쏙 들어갔습니다. / 할아버지가 / 병 속 세상으로 들어가 보니 / 이보다 더 좋은 세상이 / 없었습니다. / 날씨는 / 춥지도 않고 덥지도 않고 맑았으며, / 바람은 / 산들산들 적당히 불었지요. / 곳곳에는 / 맛있는 음식이 / 그득했고, / 어딜 가나 / 마음씨 좋은 사람들만 / 있었답니다. /

할아버지는 / 신나게 이곳저곳 다니며 / 경치구경도 하고, / 맛난 음식도 / 배불리 먹었습니다. / 그렇게 근심 걱정 없이 / 며칠을 쉬다 / 할아버지는 / 바깥세상으로 나오고 싶어졌습니다. / 할아버지가 / 밖으로 나가야겠다고 하니까 / 푸른 옷을 입은 사내아이가 / 다시 나타났습니다. / 사내아이는 / 할아버지를 병 밖으로 이끌고 나와 / 예전 몸집으로 돌아가게 해 주었습니다. / 사내아이는 / 할아버지께 / 큰절을 한 뒤 / 다시 병 속으로 들어갔습니다. /

그런데 / 할아버지가 / 병 밖으로 나와 보니 / 원래 살던 집이 / 사라졌습니다. / 집뿐만 아니라 / 사람들도 / 죄다 / 예전에는 보지 못했던 / 낯선 사람들뿐이었지요. / 할아버지는 이상해서 / 사람들에게 / 은근슬쩍 / 자신의 이름을 대고 / 혹시 아느냐고 물었습니다. / 사람들은 / 할아버지 이름을 듣더니 / 자신의 고조 할아버지 때 사람이라고 / 말했습니다. / 알고 보니 / 병 속에 있던 며칠 사이에 / 바깥세상은 / 백 년이 흘렀던 것입니다. /

할아버지는 / 자신을 알고 있는 자손들과 함께 / 다시 바깥세상에서 / 행복하게 살아갔습니다. / 할아버지는 / 그 뒤에도 / 오래오래 살아서 / 또 백 살을 더 살았습니다. / 그런데 / 할아버지를 / 순식간에 / 백 살을 살게 만들었던 유리병은 / 어디론가 사라져 버리고 없어졌답니다. / 그래서 / 할아버지는 / 죽는 순간까지 / 예전에 보았던 유리병 속의 난쟁이 세상을 / 그리워했답니다. /

6 이야기 지도 사용하여 글 읽고 이해하기: 인물, 시장, 사건, 끝을 기억하며 글의 내용 파악하기

'이야기 지도(인물, 시장, 사건, 끝)'를 사용하여 글의 내용을 파악해 봅시다

유리병 속의 난쟁이 세상

옛날 어느 깊은 산골마을에 한 할아버지가 홀로 외롭게 살아가고 있었습니다. 젊어서는 아내를 잃고 늙어서는 자식들마저 먼저 저 세상으로 보내고 말았지요. 그렇다고 재산이 많은 것도 아니고 변변한 땅이 있는 것도 아니었습니다. 재주라고는 짚신을 만드는 것뿐이라서 겨우 입에 풀칠하며 근근이 먹고살았답니다.

하루는 할아버지가 장터에 나가 짚신을 팔고 있는데 웬 스님이 다가왔습니다.

"노인장, 소승이 목이 몹시 마르니 물 한 그릇만 떠다 주시오."

할아버지가 스님을 보아 하니 손발이 멀쩡하고 나이도 자신보다 훨씬 어려 보였답니다. 보통 사람 같았으면 "당신은 손이 없소? 발이 없소?" 하며 따졌겠지요. 하지만 할아버지는 자신보다 어린 스님에게 면박을 주지 않고 우물을 찾았습니다. 멀리 떨어진 우물까지 달려가 물 한 바가지를 떠서 스님에게 주었답니다. 어찌나 서둘러 물을 떠서 돌아왔는지 할아버지의 넓은 이마엔 땀방울이 맺혔지요. 스님은 할아버지가 떠 준 물을 벌컥벌컥 달게 마시고는 선물을 주었습니다.

"가진 게 이것밖에 없어 그러니 우습게 생각 마시고 받아 주세요."

스님은 바랑 속에 넣었던 조그마한 병 하나를 꺼내 할아버지께 드렸습니다. 할아버지가 병을 받아서 자세히 살펴보니 아무것도 안 든 빈 병이었지요. 그래도 할아버지는 스님 정성이라 생각하고 병을 소중하게 품 안에 챙겨 넣었습니다.

그날 집으로 돌아와서 병을 머리맡에 두고 깊은 잠에 들었습니다. 그런데 잠결에 어디선가 흥겨운 노랫소리가 크게 들려 할아버지는 잠에서 깨어났답니다. 잠자리에서 일어나 이리저리 살펴보니 그 노랫소리가 병 속에서 들리는 것이었어요. 너무 신기해서

병 속을 자세히 들여다보니 마법 같은 일이 일어났습니다.

다른 게 아니라 그 조그마한 병 속에 온갖 게 다 있었습니다. 집도 있고, 사람도 있고, 장터도 있고, 산도 있고, 바다도 있었답니다. 그런데 그 모든 것이 죄다 조그마해서 마치 개미 세상 같았습니다.

할아버지가 하도 신기해서 물끄러미 들여다보니까 병 속에서 작은 사내아이가 나왔습니다. 병 밖으로 나오자마자 스르르 몸이 커져서 보통 사람 몸집만 해졌지요. 푸른 옷을 입은 사내아이는 할아버지께 꾸벅 절을 하더니 말을 했습니다.

"저는 할아버지를 병 속의 난쟁이 세상으로 잘 모시기 위해 파견되었습니다."

"내가 이렇게 큰 몸집으로 어떻게 저 병 속으로 들어간단 말이냐?"

사내아이는 할아버지에게 그런 걱정은 하지 말라며 할아버지를 향해 입김을 불었습니다. 사내아이의 입김이 닿자마자 할아버지 몸집이 점점 작아지더니 금세 개미만큼 작아졌습니다. 사내아이도 다시 몸집이 작아져 할아버지를 데리고 병 속으로 쏙 들어갔습니다.

할아버지가 병 속 세상으로 들어가 보니 이보다 더 좋은 세상이 없었습니다. 날씨는 춥지도 않고 덥지도 않고 맑았으며, 바람은 산들산들 적당히 불었지요. 곳곳에는 맛있는 음식이 그득했고, 어딜 가나 마음씨 좋은 사람들만 있었답니다.

할아버지는 신나게 이곳저곳 다니며 경치구경도 하고, 맛난 음식도 배불리 먹었습니다. 그렇게 근심 걱정 없이 며칠을 쉬다 할아버지는 바깥세상으로 나오고 싶어졌습니다. 할아버지가 밖으로 나가야겠다고 하니까 푸른 옷을 입은 사내아이가 다시 나타났습니다. 사내아이는 할아버지를 병 밖으로 이끌고 나와 예전 몸집으로 돌아가게 해 주었습니다. 사내아이는 할아버지께 큰절을 한 뒤 다시 병 속으로 들어갔습니다.

그런데 할아버지가 병 밖으로 나와 보니 원래 살던 집이 사라졌습니다. 집뿐만 아니라 사람들도 죄다 예전에는 보지 못했던 낯선 사람들뿐이었지요. 할아버지는 이상해서 사람들에게 은근슬쩍 자신의 이름을 대고 혹시 아느냐고 물었습니다. 사람들은 할아버지 이름을 듣더니 자신의 고조 할아버지 때 사람이라고 말했습니다. 알고 보니 병 속에 있던 며칠 사이에 바깥세상은 백 년이 흘렀던 것입니다.

할아버지는 자신을 알고 있는 자손들과 함께 다시 바깥세상에서 행복하게 살아갔습니다. 할아버지는 그 뒤에도 오래오래 살아서 또 백 살을 더 살았습니다. 그런데 할아버지를 순식간에 백 살을 살게 만들었던 유리병은 어디론가 사라져 버리고 없어졌답니다. 그래서 할아버지는 죽는 순간까지 예전에 보았던 유리병 속의 난쟁이 세상을 그리워했답니다.

제목: 유리병 속의 난쟁이 세상

1 **인물** 이야기에 등장하는 인물은 누구인가요?

2 **시간과 장소** 언제, 어디에서 일어난 이야기인가요?

시간:

장소:

3 **사건들** 인물에게 어떤 일들이 일어났나요? 일이 어떠한 차례로 일어났나요?

4 **끝** 이야기가 어떻게 끝났나요?

7 글의 주제 알기

글의 주제를 알아봅시다

글의 주제는 글쓴이가 읽는 이에게 말하고자 하는 생각 또는 의견입니다. 글의 주제는 '~하자. 해야 한다' 또는 '~하지 말자. 하지 말아야 한다'로 만들 수 있습니다.

 '유리병 속의 난쟁이 세상'을 읽고, 글의 주제를 써 봅시다.

_____

_____

_____

사◇후◇평◇가

읽기유창성

지시문

앞에 있는 종이에 글이 있어요. 이제 선생님이 "시작"이라고 하면(학생용 평가지의 첫 어절을 손가락으로 가리킨 후, 계속 훑으면서) 처음부터 읽기 시작해서 "그만"이라고 할 때까지 최대한 정확하게, 그리고 최대한 빨리 읽으세요. 글을 읽다가 모르는 글자가 나오면 선생님이 어떻게 해야 할지 알려 줄게요. 최선을 다하세요. 질문 있어요? (질문이 있으면 질문에 대답한다.) 준비, 시작. (학생이 첫 어절을 말함과 동시에 타이머를 누르고 1분간 학생의 반응을 기록한 뒤 1분이 지나면 "그만"이라고 말한다.)

옛날 어느 깊은 산골마을에 한 할아버지가 홀로 외롭게 살아가고 있었습니다. 젊어서는 아내를 잃고 늙어서는 자식들마저 먼저 저 세상으로 보내고 말았지요. 그렇다고 재산이 많은 것도 아니고 변변한 땅이 있는 것도 아니었습니다. 재주라고는 짚신을 만드는 것뿐이라서 겨우 입에 풀칠하며 근근이 먹고살았답니다.

하루는 할아버지가 장터에 나가 짚신을 팔고 있는데 웬 스님이 다가왔습니다.

"노인장, 소승이 목이 몹시 마르니 물 한 그릇만 떠다 주시오."

할아버지가 스님을 보아 하니 손발이 멀쩡하고 나이도 자신보다 훨씬 어려 보였답니다. 보통 사람 같았으면 "당신은 손이 없소? 발이 없소?" 하며 따졌겠지요. 하지만 할아버지는 자신보다 어린 스님에게 면박을 주지 않고 우물을 찾았습니다. 멀리 떨어진 우물까지 달려가 물 한 바가지를 떠서 스님에게 주었답니다. 어찌나 서둘러 물을 떠서 돌아왔는지 할아버지의 넓은 이마엔 땀방울이 맺혔지요. 스님은 할아버지가 떠 준 물을 벌컥벌컥 달게 마시고는 선물을 주었습니다.

"가진 게 이것밖에 없어 그러니 우습게 생각 마시고 받아 주세요."

스님은 바랑 속에 넣었던 조그마한 병 하나를 꺼내 할아버지께 드렸습니다. 할아버지가 병을 받아서 자세히 살펴보니 아무것도 안 든 빈 병이었지요. 그래도 할아버지는 스님 정성이라 생각하고 병을 소중하게 품 안에 챙겨 넣었습니다.

그날 집으로 돌아와서 병을 머리맡에 두고 깊은 잠에 들었습니다. 그런데 잠결에 어디선가 흥겨운 노랫소리가 크게 들려 할아버지는 잠에서 깨어났답니다. 잠자리에서 일어나 이리저리 살펴보니 그 노랫소리가 병 속에서 들리는 것이었어요. 너무 신기해서 병 속을 자세히 들여다보니 마법 같은 일이 일어났습니다.

다른 게 아니라 그 조그마한 병 속에 온갖 게 다 있었습니다. 집도 있고, 사람도 있고, 장터도 있고, 산도 있고, 바다도 있었답니다. 그런데 그 모든 것이 죄다 조그마해서 마치 개미 세상 같았습니다.

할아버지가 하도 신기해서 물끄러미 들여다보니까 병 속에서 작은 사내아이가 나왔습니다. 병 밖으로 나오자마자 스르르 몸이 커져서 보통 사람 몸집만 해졌지요. 푸른 옷을 입은 사내아이는 할아버지께 꾸벅 절을 하더니 말을 했습니다.

"저는 할아버지를 병 속의 난쟁이 세상으로 잘 모시기 위해 파견되었습니다."

"내가 이렇게 큰 몸집으로 어떻게 저 병 속으로 들어간단 말이냐?"

사내아이는 할아버지에게 그런 걱정은 하지 말라며 할아버지를 향해 입김을 불었습니다. 사내아이의 입김이 닿자마자 할아버지 몸집이 점점 작아지더니 금세 개미만큼 작아졌습니다. 사내아이도 다시 몸집이 작아져 할아버지를 데리고 병 속으로 쏙 들어갔습니다.

할아버지가 병 속 세상으로 들어가 보니 이보다 더 좋은 세상이 없었습니다. 날씨는 춥지도 않고 덥지도 않고 맑았으며, 바람은 산들산들 적당히 불었지요. 곳곳에는 맛있는 음식이 그득했고, 어딜 가나 마음씨 좋은 사람들만 있었답니다.

할아버지는 신나게 이곳저곳 다니며 경치구경도 하고, 맛난 음식도 배불리 먹었습니다. 그렇게 근심 걱정 없이 며칠을 쉬다 할아버지는 바깥세상으로 나오고 싶어졌습니다. 할아버지가 밖으로 나가야겠다고 하니까 푸른 옷을 입은 사내아이가 다시 나타났습니다. 사내아이는 할아버지를 병 밖으로 이끌고 나와 예전 몸집으로 돌아가게 해 주었습니다. 사내아이는 할아버지께 큰절을 한 뒤 다시 병 속으로 들어갔습니다.

그런데 할아버지가 병 밖으로 나와 보니 원래 살던 집이 사라졌습니다. 집뿐만 아니라 사람들도 죄다 예전에는 보지 못했던 낯선 사람들뿐이었지요. 할아버지는 이상해서 사람들에게 은근슬쩍 자신의 이름을 대고 혹시 아느냐고 물었습니다. 사람들은 할아버지 이름을 듣더니 자신의 고조 할아버지 때 사람이라고 말했습니다. 알고 보니 병 속에 있던 며칠 사이에 바깥세상은 백 년이 흘렀던 것입니다.

할아버지는 자신을 알고 있는 자손들과 함께 다시 바깥세상에서 행복하게 살아갔습니다. 할아버지는 그 뒤에도 오래오래 살아서 또 백 살을 더 살았습니다. 그런데 할아버지를 순식간에 백 살을 살게 만들었던 유리병은 어디론가 사라져 버리고 없어졌답니다. 그래서 할아버지는 죽는 순간까지 예전에 보았던 유리병 속의 난쟁이 세상을 그리워했답니다.

🎓 읽기유창성 점수: _____

▶ 사전평가와 사후평가의 지문은 학지사 홈페이지(http://www.hakjisa.co.kr)에서 내려받을 수 있습니다.

읽기이해

📖 **다음 질문에 <u>최대한 자세히</u> 답을 써 주세요.**
(※ 쓰는 것이 어려운 학생의 경우, 구두로 답하도록 하세요.)

1 이야기에 나오는 등장인물은 누구인가요? 모두 써 보세요.

2 언제, 어디에서 있었던 일인가요?

　1) 언제:

　2) 어디서:

3 스님이 할아버지에게 무엇을 해 달라고 하였나요?

4 할아버지는 스님에게 무엇을 받았나요?

5 병 속에서 어떤 마법이 일어났나요?

6 작은 사내아이가 병에서 나온 까닭은 무엇일까요?

7 우리도 할아버지처럼 좋은 구경도 하고 맛난 음식을 먹으려면 어떻게 해야 할까요? 그것을 어떻게 알 수 있는지 글에서 찾아 써 보세요.

　1) 어떻게 해야 할까요?

　2) 그것을 어떻게 알 수 있나요?

저자 소개

김애화(Kim, Aehwa)

aehwa@dankook.ac.kr

현재 단국대학교 특수교육과 교수로 재직 중이다. 단국대학교 특수교육과를 졸업하고, 미국 텍사스 주립대학교(University of Texas at Austin)에서 학습장애 전공으로 석사 및 박사 학위를 받았다. 텍사스 읽기 및 쓰기 연구소(Texas Center for Reading and Language Arts Center)에서 전임연구원(Research Associate)으로 일하였으며, SSCI 저널인 *Journal of Learning Disabilities*의 assistant editor를 역임하였고, 현재 *Journal of Learning Disabilities*의 consulting editor로 활동 중이다.

김의정(Kim, Uijung)

uijungkim@kornu.ac.kr

현재 나사렛대학교 특수교육과 교수로 재직 중이다. 부산대학교 중어중문과를 졸업하고, 미국 텍사스 주립대학교(University of Texas at Austin)에서 특수 일반 및 자폐성 장애 전공으로 석사 및 박사 학위를 받았다. 텍사스 읽기 및 쓰기 연구소(Texas Center for Reading and Language Arts Center)에서 전임연구원(Research Associate)으로 일하였으며, 캘리포니아 주립대학교(California State University, Los Angeles) 특수교육과 조교수로 재직하였다.

학령기 아동을 위한
읽기유창성 및 읽기이해 프로그램
학생용 (VI 수준)
Reading Fluency and Reading Comprehension Program
for School-Age Children

2021년 3월 30일 1판 1쇄 발행
2025년 1월 20일 1판 3쇄 발행

지은이 • 김애화 · 김의정
펴낸이 • 김진환
펴낸곳 • (주) 학지사
04031 서울특별시 마포구 양화로 15길 20 마인드월드빌딩
대표전화 • 02)330-5114   팩스 • 02)324-2345
등록번호 • 제313-2006-000265호

홈페이지 • http://www.hakjisa.co.kr
페이스북 • https://www.facebook.com/hakjisabook

ISBN 978-89-997-2383-4 94370
      978-89-997-2376-6 (set)

정가 12,000원

출판미디어기업 학지사

간호보건의학출판 학지사메디컬 www.hakjisamd.co.kr
심리검사연구소 인싸이트 www.inpsyt.co.kr
학술논문서비스 뉴논문 www.newnonmun.com
교육연수원 카운피아 www.counpia.com
대학교재전자책플랫폼 캠퍼스북 www.campusbook.co.kr